COSA DICONO DI DAVIDE DI GIORGIO E *BEING UNAPOLOGETIC*

"In Being Unapologetic, Davide Di Giorgio traccia un percorso che tutti possono seguire per trovare la propria voce e trasmettere i propri messaggi in modo autentico e d'impatto. Davide chiede solo di comunicare senza remore e unapologetically a tutti coloro che hanno più bisogno del vostro messaggio. Questo libro vi ispirerà a coinvolgere il mondo con la vostra storia per un cambiamento positivo. È la lettura perfetta per chiunque si stia tenendo in disparte e abbia bisogno di una spinta ispiratrice per essere ascoltato".

Brian Tracy
Autore Internazionale di Oltre Settanta Libri
e Speaker di Fama Mondiale

"*Being Unapologetic*" è divertente, genuino e ricco di speranza. Ma soprattutto, è davvero di aiuto. In un modo molto realistico e pragmatico, Davide vi incoraggia a porvi le domande giuste, non quelle più popolari, per identificare i vostri doni naturali, definire il vostro perché e trovare la fiducia in voi stessi durante tutto il processo. Questo libro contribuirà a darvi forza e ad illuminarvi, fornendovi gli strumenti per portare la vostra vita al livello successivo".

Katy Temple
Fondatore e CEO del Katy Temple Media Coaching,
Vincitrice dell'Emmy Award Sportscaster

"È una lettura imperdibile! Davide condivide ciò che ha imparato in prima persona nella sua straordinaria vita privata e professionale. Non ci sono pagine riempitive o le solite sciocchezze: solo storie potenti, lezioni ed esercizi pratici che vi metteranno sulla strada per diventare un leader che ha un impatto sul suo pubblico e in grado di ispirare gli altri."

Charmaine Hammond
CSP, Speaker Professionista e Autrice

"Davide Di Giorgio è il perfetto esempio di una vita di celebrazioni, e in Being Unapologetic, condivide le sue perle di saggezza e le brillanti osservazioni apprese nel suo viaggio di scoperta di sé e della sua forza interiore. Davide propone la prospettiva che siamo tutti arrivati su questo mondo con uno scopo e che abbiamo dunque bisogno solo di (ri)scoprirlo, guardandoci indietro per capire chi siamo stati durante il nostro percorso, chi siamo oggi e, ancor più importante, chi abbiamo bisogno di essere per andare avanti. Se volete svelare la verità di chi siete davvero e vivere una vita più piena e soddisfacente durante questo vostro percorso, questo libro vi guiderà lungo il sentiero per diventare la migliore e più autentica versione di voi.

Mark Lovett
Fondatore di Storytelling with Impact

"In Being Unapologetic vi aspetta una bella sorpresa. Poche persone hanno capito come creare il proprio destino e portarlo a compimento come Davide Di Giorgio. Insegnante, speaker professionista affermato e uno dei miei esseri umani preferiti, Davide Di Giorgio ha molto da insegnare a tutti noi. Queste pagine vi porteranno a nuove vette di successo quando comincerete a mettere in pratica gli strumenti che vi offre con tanta generosità".

Patrick Snow
Publishing Coach Autore del Best-Seller Internazionale
Creare il proprio destino (*Creating Your Own Destiny*)

"*Being Unapologetic* è molto più di un altro libro.... È un modo di pensare, di essere e un vero e proprio movimento! Attraverso le sue storie incredibili e il suo stile di insegnamento ben ponderato, Davide alza il livello dando l'esempio in prima persona a visionari, leader, autori, speaker e sognatori di tutto il mondo. Ho avuto il privilegio di partecipare a molte delle vivaci conferenze di Davide, e il suo libro è proprio quello che ci vuole per chiunque cerchi l'ispirazione e la guida per elevare la propria vita a un livello superiore!"

Martin K. Fallor, MD, JD
Chirurgo Plastico Oftalmico, Consulente Medico-Legale

"Fin dal primo capitolo, ho avuto almeno cinque grandi idee da incorporare nella mia prossima conferenza. Ho avuto un sorriso stampato in faccia per tutto il tempo e ho potuto avvertire il grande senso dell'umorismo di Davide (grazie, Davide, per averci regalato un libro non noioso!). I princìpi insegnati sono semplici e hanno davvero un senso, che è incredibile quanto siano potenti! Being Unapologetic non è solo un libro, è un movimento tramite cui Davide ci insegna come essere leader e speaker visionari. Da leggere!"

Josée Brisebois
Speaker e Personal Fashion Stylist presso

"La prima volta che ho visto Davide parlare, sono rimasto ipnotizzato da come riuscisse a tenere il pubblico. La sua padronanza delle parole, unica e un vero e proprio dono, si riflette nel suo straordinario libro "*Being Unapologetic*". Questo libro è fondamentale per i visionari o per chiunque voglia scoprire il proprio scopo nella vita. Sul palco, nella vita e anche nel suo libro, Davide è l'esempio più puro di come vivere in modo Unapologetic sia la strada definitiva verso la libertà e una vita piena di gioia!"

Joshua T. Berglan
Conduttore dello spettacolo,
MC & Dream Designer

"Come podcaster, cerco di aiutare i miei ospiti a realizzare interviste eccellenti. Being Unapologeticci fa un ottimo lavoro nell'illustrare molti degli insegnamenti e dei "must" vitali di cui si ha bisogno per essere un grande intervistatore. Dico sempre che partecipare ai podcast è il miglior punto di partenza per avere successo sul palco. Dopo aver letto questo libro, l'ho aggiunto ai miei strumenti di preparazione che consiglio per apparire sui podcast ai miei ospiti. Come essere polarizzanti, autentici e tutto ciò che ne consegue – tutto questo e altro può essere trovato in questo libro".

Dennis J. Langlais
Conduttore del podcast "*The FIVE Minute Bark*".

"Chi sono? Perché sono me? Come posso essere utile? Davide Di Giorgio trasforma il lettore in qualcuno che sta partecipando attivamente ad un viaggio di introspezione e riflessione, portandolo a scoprire e condividere quei doni che gli danno uno scopo. Being Unapologetic è per coloro che desiderano trovare il loro spazio e il loro posto a casa, sul posto di lavoro e nella comunità in generale".

Brian Tos
Insegnante di Scuola Secondaria in Pensione

"Questo libro è il grasso sulla griglia che accenderà alcune fiamme ardenti. La voce di Davide Di Giorgio ha una capacità ineguagliabile di commuovere, guidare e plasmare voi... e il vostro futuro".

"Attraverso una base candida e creativa, Davide riesce a collegare i 'puntini delle opportunità' non solo nella sua storia, ma anche nella vostra. Il suo libro vi collegherà a quella presa di corrente che è il vostro scopo e la vostra passione.

"L'ispirazione di questo libro vi si attaccherà addosso come una seconda pelle e non riuscirete più a liberarvi dei suoi effetti.

"Davide è il vostro affascinante appuntamento per una tanto tardiva quanto meritata celebrazione di voi e del vostro viaggio. Preparatevi ad abbracciare una versione di voi stessi che potrete modificare, perfezionare e alterare, ma per la quale non dovrete mai scusarvi.

"Davide è abile nel coltivare e potenziare i suoi lettori/pubblico in modo che donnerà loro un lascito in un futuro".

Anthony Zomparelli
Autore di *No Fangs Filmore* e Benvolio's Heart

"Questo libro è una scorciatoia nel cammino per scoprire il meglio di sé. Ho imparato a circondarmi di persone potenti che possono trasformare gli aspetti della mia vita, e Davide è una di queste persone. Una forza positiva, ha un talento speciale per farti tirare fuori il meglio di te".

Jeff J. Hunter
The King of Outsourcing

"La saggezza nel libro di Davide è stata estremamente preziosa per aiutarmi a revisionare il processo attorno cui stavo sviluppando il mio messaggio unico per il mondo. Sto apprezzando ogni fase del processo di valutazione del mio messaggio seguendo passo dopo passo la guida che mi dona questo libro.

"In *Being Unapologetic*, Davide condivide in prima persona il suo viaggio alla scoperta del suo messaggio e come donarlo al mondo contribuisca a rafforzarlo. Il suo libro vi offre un quadro strategico per sviluppare il vostro progetto, che vi aiuterà non solo a scoprire il vostro messaggio e la vostra voce, ma anche a condividerlo in un modo che sia autentico e d'impatto con coloro che cercate di aiutare, consentendovi di raggiungere un successo che vi possa appagare. Grazie, Davide!"

Anita Narayan
Fondatrice di Breaking Free Unlimited e Be The Inspiration TV

"Fatevi un favore e regalate a voi stessi e a molti altri le conoscenze contenute in questo libro!

"Mi piace la suddivisione e il flusso della struttura dei capitoli. Davide ha davvero centrato lo svolgimento del nostro processo per una migliore conoscenza e accettazione di noi stessi, che porta a una maggiore compassione e amore per gli altri che fanno parte del nostro mondo.

"Gli esercizi sono perfettamente in grado di creare cambiamenti immediati nella tua mentalità, in modo da farti sentire più aperto e libero, limitandoti semplicemente ad essere te stesso.

"Non usare questo libro solo come un modo brillante per migliorare la tua vita, ma come un manuale di vita! Usalo per lasciarti andare e incontrare il vero te, che è perfetto e brillante... quel tu che tutti vediamo e sperimentiamo. Il vero, bellissimo e Unapologetic tu!

Nikki Incandela
Fotografa Visual Branding e Mentore

"Being Unapologetic" di Davide è uno sguardo nuovo sull'essere straordinari, sul distinguersi per ciò che si è e sul trovare fiducia nelle piccole vittorie della vita. Descrive il processo di "celebrare anche le briciole di pane nella tua vita" ed è una descrizione così perfetta di ciò che serve per brillare in un mondo così affollato di social media, like e selfie. Penso che decidere di essere unapologetic sia l'unica strada da percorrere se si vuole rendere significativa la propria vita creativa. Un grande libro per grandi menti".

Azul Terronez
Autore di *The Art of Apprenticeship*

"Davide ispira completamente dal momento stesso in cui lo si incontra, così come il suo libro. Being Unapologetic vi coinvolgerà dalla prima all'ultima parola, ispirandovi a trovare la chiarezza per vivere la vita alle vostre condizioni".

Dylis Guyan
Leader, Coach e Speaker di Vendite Motivazionali e Marketing

"*Being Unapologetic* racconta di come vivere la propria verità e non lasciare che gli ostacoli si frappongano tra noi ed essa. Davide Di Giorgio accompagna i lettori in una corsa ispirata attraverso il proprio viaggio, e porta le storie di numerosi potenti influencer sociali che hanno imparato a vivere in modo unapologetic come lui. Il risultato è un libro ricco di saggezza, frutto di un insieme di grandi menti e di persone ammirevoli. Non perdetevi questo libro che può cambiarvi la vita!".

Nicole Gabriel
Autrice di di "*Finding Your Inner Truth*" e "*Stepping into Your Becoming*".

"Il fatto che Davide sia venuto a lavorare con i miei studenti ha avuto un grande impatto. Questi studenti lottano con la fiducia in se stessi, ma in un'ora con Davide, c'è stato un notevole cambiamento nel modo in cui si percepiscono. Ovviamente, questo si traduce in un grande impatto nell'esecuzione e nel loro impegno con musica, ma soprattutto, in un cambiamento che li aiuterà per il resto della loro vita".

"La mia filosofia di insegnamento è insegnare ai miei studenti attraverso la musica, non insegnare la musica ai miei studenti. Questo libro mi ha dato l'opportunità di insegnare meglio ai miei studenti le abilità di vita attraverso la musica e di dare loro opportunità che altrimenti non avrebbero avuto".

"Se qualcuno è in dubbio se far lavorare o meno Davide con il proprio gruppo, fatelo subito! Sono il primo ad ammettere di essere stato diffidente, ma è stata un'esperienza straordinaria. I miei ragazzi si sono davvero divertiti e ne hanno tratto un grande beneficio.

"Una cosa che i miei studenti hanno detto è che vorrebbero che il coro venisse valorizzato di più nel campus. Volevo che si sentissero valorizzati, così ho pensato a quali cose a livello corale potessero farlo. Commissionare un'opera significa che il tuo nome sarà presente per sempre. Con i fondi che ci sono stati concessi attraverso il ProjectUNx, stiamo commissionando alcune opere corali da eseguire. È qualcosa che non tutti possono fare, stiamo facendo scrivere un pezzo solo per noi!".

Robert Davis
Direttore del Coro, Scuola Superiore Ayala

"*Being Unapologetic* è una potente combinazione di narrazione e integrazione mentale. Davide condivide lezioni di esperienze di vita e invita il lettore a porsi le domande importanti sulla vita, facilitando in ultima analisi un'esperienza trasformativa e potenziante per chiunque prenda in mano questo libro."

Mike Sherbakov
Fondatore della Fondazione Greatness

"Davide Di Giorgio hai il messaggio del secolo. In *Being Unapologetic*, rivela come tutti noi possiamo lavorare per superare le nostre paure e le nostre insicurezze più profonde, per far brillare il nostro faro in tutto il mondo, aiutare i nostri simili, smettere di scusarci per gli esseri meravigliosi che siamo e creare la vita che abbiamo sempre sognato. Ho divorato ogni parola e poi sono tornato a leggerlo di nuovo. Questo è davvero un libro da non farsi sfuggire.

Tyler R. Tichelaar, PhD
Autore Pluripremiato di *Narrow Lives,*
The Best Place, and *When Teddy Came to Town*

"Davide Di Giorgio ha creato un sistema meraviglioso per la crescita e lo sviluppo di sé. La maggior parte degli autori si concentra interamente sul futuro. Davide chiede di guardare indietro ai primi anni di vita e di riscoprire chi si è veramente. Poi guida il lettore nella pianificazione di un futuro che sostenga ciò che è, senza pregiudizi".

Michael Beauclerc
Cofondatore/Direttore esecutivo Canadian Drumline Association

"La vera ricchezza sta nella storia di una persona; raccontarla in modo da trasformare gli altri e creare una libertà personale è un mestiere. Davide Di Giorgio lo ha imparato e ora ha creato un vero e proprio strumento didattico per insegnare alle masse a fare lo stesso. Senza dubbio, le vite che si impadroniscono di questo strumento e lo usano di conseguenza, sperimenteranno una trasformazione che risveglierà un nuovo livello di successo e di realizzazione. Scritto con eccellenza, con tempi perfetti, con un innegabile mix di umorismo e cuore, questo libro è uno di quelli da ricordare. Tuffatevi, la vostra vera ricchezza vi aspetta".

Danelle Delgado
CEO di Life Intended, Speaker di Fama Mondiale ed Business Strategist per Alte-Prestazioni

Se siete pronti a trasformare positivamente la vostra vita, allora leggete e assorbite le strategie contenute in questo brillante libro del mio amico Davide Di Giorgio! Davide è uno speaker e un coach straordinario che si preoccupa veramente di aiutare gli altri e le sue idee faranno una differenza positiva nella vostra vita!

James Malinchak
Apparso nel Programma Televisivo di Successo della ABC, *Secret Millionaire*
Autore di 20 libri, di 3.000 presentazioni e di 1.000 Consulenze, Autore Best-Seller, fondatore di Millionaire Success Secrets

BEING UNAPOLOGETIC

LA FORZA PER DIVENTARE UNO SPEAKER DI IMPATTO E UN LEADER VISIONARIO

DAVIDE DI GIORGIO

BEING UNAPOLOGETIC:
LA FORZA PER DIVENTARE UNO SPEAKER DI IMPATTO E UN LEADER VISIONARIO

Edizione inglese pubblicata da:
Aviva Publishing
Lake Placid, NY
(518) 523.1320
www.avivapubs.com

Davide Di Giorgio
Telefono: +1 619 363 0568
Email: ciao@DavideDiGiorgio.com
BeingUnapologetic.com

Edizione inglese:
Copertina rigida ISBN: 978-1-947937-54-3
Libro in brossura ISBN: 978-1-947937-56-7
Numero di controllo della Biblioteca del Congresso: 2018908082

Editore: Tyler Tichelaar/Superior Book Productions
Design della copertina: Nicole Gabriel/AngelDog Productions
Impaginazione interna del libro: Nicole Gabriel/AngelDog Productions
Capitolo Grafica: Adam Bartanus

Edizione italiana:
Libro in brossura ISBN: 978-974937-57-4

Traduzione a cura: Davide Angelino
Design della copertina: Nicole Gabriel/AngelDog Productions
Impaginazione interna del libro: Likhar Publishing Services

È stato fatto ogni sforzo e tentativo possibile per reperire correttamente le fonti di tutte le citazioni.

Stampato nell'Unione Europea

Prima Edizione
2 4 6 8 10 12

DEDICA

Al mio mentore, amico e più grande insegnante, Fredrick H. Thury (1945-2006): mentre mi insegnavi a diventare un direttore musicale e un produttore teatrale di successo, in realtà mi hai insegnato a essere me stesso. Il tuo dono più grande è stata la capacità di vedere la possibilità negli altri e di sostenere le persone nel portare quella possibilità alla luce. Non solo hai tirato fuori il meglio di me, ma mi hai insegnato a fare lo stesso per gli altri. Questo libro è una testimonianza della tua eredità, e ora anche della mia, eredità per il mondo. Ce l'ho fatta, Fred! Ho finalmente scritto un libro, proprio come mi avevi detto tu. Finché non ci riuniremo di nuovo nel grande aldilà, continuerò a portare avanti l'eredità di *essere* che mi hai donato.

Questa traduzione in italiano della prima edizione la dedico alla mia famiglia italiana che, dopo esattamente 41 anni in cui non abbiamo avuto alcun contatto, ha scelto di accettarmi, vedermi, ascoltarmi e amarmi esclusivamente per ciò che sono. Gilberto, Letizia, Giuliano, zia Maria e zio Giuseppe Restivo, la vostra gentilezza rimarrà per sempre stretta nel mio cuore. Grazie per avermi ricordato di avere il mio posto nel mondo e la mia importanza.

RINGRAZIAMENTI

Agli eroi che mi hanno mostrato cosa significhi pensare, agire ed essere unapologetic:

Jesse Alberta, Christina Aguilera, Baron Baptiste, P. T. Barnum, Richard Branson, Brené Brown, Gesù, Jack Canfield, Kathy Cates, Cher, Martha Couto, Simon Cowell, Kendra Dahlstrom, Leonardo DaVinci, Stephen Dela Cruz, Ellen DeGeneres, Celine Dion, Walt Disney, Wayne Dyer, Kelly Earp, Galileo Galiliei, Bill Gates, Katharine Gladwish, Sean Gorman, Joseph Haydn, Jake Heilbrunn, Abraham-Hicks, Michael Jackson, Steve Jobs, Daymond John, Fran Kick, Craig Kielburger, Barb LaPlante, James Malinchak, Ricky Martin, Joseph McClendon III, Donna McEvoy, Matthew Morrison, Jason Mraz, Elon Musk, Lisa Nichols, Benj Pasek, Dolly Parton, Justin Paul, Katy Perry, Vidya Reddy, Dott. Andrzej Rozbicki, Stephen Sondheim, Simon Sinek, Kasha Slavner, Meryl Streep, Madre Teresa, Justin Timberlake, Brian Tracy, Michael Tracy, Mark Twain, Megan Unsworth, Andrew Lloyd Webber, Eric Whitacre e Oprah Winfrey.

A coloro che si sono presi il tempo di recensire e approvare questo libro. Le vostre bellissime parole mi hanno dato la fiducia necessaria per spiccare il volo! Michael Beauclerc, Joshua T. Berglan, Josée Brisebois, Danelle Delgado, Martin K. Fallor, Dylis Guyan, Charmaine Hammond, Jeff J. Hunter, Dennis Langlais, Mark Lovett, Anita Narayan, Rhodes Perry, Mike Sherbakov, Katy Temple, Azul Terrones, Brian Tos e Anthony Zomparelli.

Agli Influencer Unapologetic: senza di voi questo libro non sarebbe così ricco. Grazie per aver condiviso chi siete. Sarah-Nada Arfa, Cindy Ashton, Heather Joy Bassett, Daniele Alan-Carter, Carson Cooper, Carmenza David, Anna Danes, Casey Nicole Fox, Christine Gail, Kat Halushka, Milana Leshinsky, Niraj Mendis, LaKeisha Michelle, Randy Molland, Re Perez, Christine Rosas, Vanessa Shaw e Brian K. Wright.

Un sentito ringraziamento a Robert Davis e agli studenti del coro della Ruben S. Ayala High School per aver aperto la loro classe a me e per essersi fidati della mia visione. Non vedo l'ora di regalarvi la standing ovation che meritate alla prima del vostro lavoro corale appena commissionato.

Grazie a Deanne Goodman e Jensen Scherer per avermi aiutato a dare vita al Progetto UNx.

Ai miei più grandi sostenitori che hanno contribuito alla realizzazione di questo libro e a dare vita a questa mia ancor più grande visione. Grazie per aver creduto in me. Avrò sempre a cuore la vostra generosità e il vostro amore. Jenn Beninger, Christopher Cailler, Claudia Carrillo, Long Le, Dorci Leissner-Hill.

Alla mia famiglia americana allargata che mi ha amato e ha creduto in me anche quando diventare cittadino non era altro che un folle sogno. Kelly Earp, Miranda e Nick Gilfillan, Guillermo Suero e Joseph Max Sánchez, Travis, Sara, Health e Barlow Holley, Virginia Kittredge e Mary Pollard.

Grazie anche ai miei bulli per avermi reso chi sono oggi.

Un ringraziamento molto speciale a Giuseppe Palermo per avermi aiutato con le revisioni finali di questa edizione. Non avrei potuto farlo senza di te.

CONTENUTI

UNAPOLOGETIC:

Essere unapologetic significa essere pienamente se stessi senza doversi scusare o giustificare per chi siamo. Significa non tentare di sminuire o cambiare noi stessi e non cercare di essere ciò che vogliono gli altri o la persona che gli altri vogliono che siamo. Essere unapologetic significa celebrare te stesso, pienamente e completamente, per fare in modo che, a loro volta, gli altri possano sentirsi spinti e incoraggiati ad essere se stessi.

"Nessuno ha mai fatto la differenza nell'essere come tutti gli altri".

— P. T. Barnum

CELEBRAZIONE

CHE COSA STAI CELEBRANDO IN QUESTO ESATTO MOMENTO?

PREFAZIONE
DI PATRICK SNOW

Bravo!

Ogni tanto mi imbatto in un libro che cambia per sempre la mia vita. Un libro che conservo per sempre e che non lascio prendere in prestito da nessun altro per paura che non venga restituito. *Being Unapologetic* è uno di quei libri, e sicuramente diventerà un classico nei decenni a venire! Quindi, se state leggendo questa prefazione in una libreria e state pensando se acquistare o meno questo libro, il mio consiglio è di comprarlo subito o di vivere per sempre una vita di rimpianti!

Da quando ho memoria, seguo l'adagio secondo cui è meglio "fare qualcosa prima senza chiedere il permesso, e poi scusarsi dopo" (se necessario). Per anni, ho anche seguito la filosofia secondo cui "la leadership non viene data: si prende!". Per me, questo è il senso dell'essere Unapologetic, ed è esattamente il modo in cui Davide Di Giorgio e gli altri protagonisti di questo libro hanno vissuto la loro vita, e proprio in ragione di questo, il loro enorme successo non dovrebbe sorprendervi!

Davide Di Giorgio è certamente unapologetic in ogni aspetto della sua vita. Ma soprattutto, è una delle persone più autentiche, genuine e calorose che io conosca, e sono onorato di chiamarlo amico! È davvero una delle persone che preferisco su questo pianeta ed è un onore per me scrivere questa prefazione e sostenere questo progetto come suo coach editoriale.

Credo che le persone di successo vivano la loro vita in modo unapologetic. Seguono il consiglio di Les Brown: "Non lasciare mai che l'opinione che qualcun altro ha di te determini la tua realtà". Io spingo ancora di un passo avanti, e aggiungo: non lasciare mai che l'opinione di qualcun altro su di te possa fermarti!

Vedete, le persone di successo infrangono le regole, sono unapologetic, fanno ciò che è giusto anche se non è popolare o non è quello che la maggioranza degli altri farebbero.

Questa mentalità, che imparerete in questo libro, è esattamente l'opposto di quella che ci viene insegnata a scuola: non parlare, non uscire dai binari, stai sul sicuro, ottieni una buona istruzione per trovare un lavoro fisso e sicuro... Credo che, se seguirete questi consigli, finirete a cercare di scusarvi e giustificarvi con la vostra famiglia per aver perso il lavoro, e poi vi ritroverete ad implorare degli imprenditori unapologetic di darvene uno.

Credo che essere unapologetic significhi seguire le proprie passioni, senza bisogno di ricevere il permesso dagli altri, fare ciò che si ama, servire le altre persone, vivere alle proprie condizioni pur risolvendo un bisogno nel mercato ed aiutare gli altri per rendere il mondo un posto migliore!

Inoltre, sviluppando questa mentalità, otterrete ciò che promette il sottotitolo di questo libro: dare la forza per diventare uno speaker di impatto e un leader visionario. Inoltre, sono convinto che così raggiungerete la vostra libertà e otterrete ciò che tutti noi vogliamo, ovvero più tempo, più denaro, più salute, più amore e più felicità nella vostra vita.

In questo potente libro, imparerete a scoprire il leader che è in voi e ad avere il potere di costruire una base per la vostra leadership e un movimento basato su chi siete (e chi siete sempre stati). Imparerete cosa significhi davvero essere coraggiosi per dare vita a una visione o a un sogno. Supererete le vostre limitanti convinzioni personali che vi impediscono di raggiungere il successo a cui siete destinati. Imparerete come mai iniziare con un "perché" possa essere in realtà un ostacolo per raggiungere il vostro più grande successo.

Inoltre, svilupperete la responsabilità nel raggiungere il successo personale e lavorativo. Imparerete a scoprire la vostra vera identità e il vostro valore. Svilupperete la disciplina e la fiducia di uno speaker e di un leader visionario, che osa sfidare lo "status quo" e creare un impatto positivo duraturo per il mondo e per gli altri. Assumerete l'atteggiamento di un vero campione. Imparerete a guidare con una visione, anziché basandovi sul valore, in modo da aumentare esponenzialmente i risultati e rendere più profonde le vostre relazioni. Infine, sarete in grado di trasmettere la vostra storia, il vostro messaggio e la vostra visione unapologetically e con successo, in modo da ispirare radicalmente gli altri all'azione e alla trasformazione positiva.

In queste pagine, Davide Di Giorgio vi fornirà le conoscenze, le abilità e la fiducia per vivere la vostra vita come avete sempre desiderato, senza dover cercare l'approvazione degli altri. Il vostro cuore e la vostra anima risplenderanno, i vostri livelli di energia saliranno alle stelle e il vostro successo sarà qualcosa che non avete mai sperimentato prima!

Seguendo le formule e le strategie di questo libro, la vostra vita cambierà. Vi verrà chiesto di parlare in grandi conferenze, la vostra attività di coaching salirà alle stelle, viaggerete per il mondo al servizio degli altri e raggiungerete una solitudine interiore e, così, la pace mentale. Soprattutto, vivrete fedeli al destino per cui siete nati. Aprirete la vostra strada unica per far sì che gli altri la seguano, e il vostro esempio, il vostro mentoring e il vostro nuovo stile di vita avranno un impatto su migliaia di altre persone, che potranno vivere anch'esse con autenticità.

Nel corso di questo libro, scoprirete che siete voi stessi la vostra forza trainante per assumere il ruolo di leader nella vostra vita, per non chiedere più il permesso a nessuno e per vivere alle vostre condizioni. Raggiungerete tutti gli obiettivi di carriera, famiglia e ricchezza che desiderate. E soprattutto, diventerete un leader al servizio degli altri, che renderà il mondo un posto migliore per le generazioni a venire.

Preparatevi quindi a un viaggio straordinario. Allacciate le cinture e siate pronti a vivere un'esperienza che vi cambierà la vita come nessun'altra, portandovi appagamento, soddisfazione, pace e, soprattutto, una vita in cui non dovrete mai più chiedere il permesso a nessuno!

Cordialmente,

Patrick Snow

Coach Editoriale, speaker professionista e Autore dei Best-Seller Internazionali come *Creating Your Own Destiny, The Affluent Entrepreneur, The Boy Entrepreneur.*

UN SEI PRONTO AD ESSERE UNAPOLOGETIC?

INTRODUZIONE

TUTTO INIZIA CON UNA CELEBRAZIONE

"Scoprite chi siete e siate quella persona. È per questo che la vostra anima è stata messa su questa Terra. Trovate quella verità, vivete quella verità e tutto il resto verrà da sé".

— Ellen DeGeneres

Quale di queste affermazioni vi passa mai per la testa?

"Non sei abbastanza bravo! Chi ti credi di essere? Non hai quel fattore X! E se poi fallisci? E se pensassero che sono solo un impostore? E se avessi successo? Non ce la farò mai davvero! È solo un sogno! Se solo potessi avere un'opportunità come tutti gli altri!"

A causa di tutto questo, vi ritrovate a giocare sicuro e pensare in piccolo? Ci sono volte in cui non condividete le vostre idee per paura di essere giudicati? Siete in attesa di una grande idea o opportunità che possa essere quella giusta? Credete di essere qui su questa terra per uno scopo più grande? Vi sentite come se ci aveste dedicato tutto il vostro tempo, ma che ancora non siete riusciti a farvi strada? State *portando* e *aggiungendo valore* a tutto, costantamente, ma vi sembra di non riuscire mai ad andare avanti?

So come ci si sente. Ho passato quasi tutta la mia vita a limitarmi e giocare in piccolo rispetto a quello che sapevo di poter fare. Ho passato tutta la vita ad aspettare gli altri, il momento giusto, l'occasione giusta, il modo giusto per dire qualcosa, i partner giusti.... Ed è stato estenuante. So come ci si sente a passare tutta la vita con la sensazione di doversi scusare per quello che si è o di affievolire la propria luce per non mettere in ombra tutti quelli che ci circondano, pur sapendo da sempre di essere intrinsecamente brillanti e di avere il potenziale per grandi cose!

In questo libro, scoprirete la verità su voi stessi, in modo da poter iniziare ad accettare e celebrare chi siete già e a mettere tutti voi stessi, a *puntare tutto* (o come si dice nel poker, andare in *all-in*!) sui vostri sogni e sulla vostra visione. Svilupperete la fiducia e le capacità di pensiero critico che vi permetteranno di prendere posizione per ciò in cui credete e di coinvolgere gli altri attraverso la vostra storia. Imparerete a condividere i vostri doni con il mondo e a guidare le persone con una visione, invece di dovervi sottoporre costantemente alla *prova del vostro valore*, dove sembra che dobbiate sempre inseguire gli altri *e* i vostri sogni.

Vi insegnerò come scoprire e liberare il fattore X che vi permetterà di realizzare la vostra missione e la vostra visione, proprio come hanno fatto i leader, speaker, influencer e le più grandi personalità del mondo!

Applicando le lezioni, le tecniche e la saggezza condivise in questo libro e impegnandovi ad essere responsabili della vostra scoperta e celebrazione quotidiana, non solo diventerete il leader e lo speaker visionario che desiderate essere, ma riscoprirete anche il vostro vero scopo e la vostra passione per la vita. Sta a voi raccogliere tutte queste lezioni e applicarle nella vostra vita, impegnandovi nel processo e nella pratica di essere unapologetic, inamovibili, inarrestabili... e altro ancora. Non preoccupatevi, parleremo di queste parole e del loro significato nei prossimi capitoli!

Per oltre venticinque anni, ho avuto la possibilità di lavorare e di studiare molti artisti, speaker, leader e visionari in diversi settori, nel mio ruolo di compositore, direttore musicale, produttore, educatore e imprenditore. Le arti dello spettacolo sono state il mio terreno formativo. Pensate che nel teatro musicale gli artisti devono cantare testi astratti che danno vita a personaggi e idee in grado di commuovere il pubblico, fino ad ottenere persino una standing ovation. Ho scoperto i segreti per muovere il pubblico e le persone in azioni ispirate. Ho sviluppato un modo per ottenere il meglio dalle persone che hanno una grande missione e visione per gli altri. Allo stesso tempo, si tratta di un processo di studio e di scoperta continuo, che dura tutta la vita. Il mio impegno è rivolto a voi, a tutti coloro che hanno uno scopo preciso e sono pronti per qualcosa di più grande. Ho dedicato la mia vita a sostenere gli altri nel dare vita a grandi idee e questo libro rappresenta il culmine del mio lavoro.

I sognatori, i visionari e i pionieri – chi ha grandi ambizioni come voi - non hanno sempre vita facile. Lo capisco. Ci sono passato. A volte, mi ci ritrovo ancora. Può sembrare che le vostre idee siano troppo grandi. Che la vostra visione sia così grande che gli altri non sembrano in grado di vederla. Persino i vostri amici e la vostra famiglia potrebbero, a volte, incoraggiarvi a scegliere una strada già battuta e più facile. E capisco che vi trovate in questa situazione da tanto. Avete una visione da molto tempo e vi sembra che abbiate già passato tutta la vita a cercare di realizzarla. Capisco, e voglio che sappiate che vedo ciò che è possibile per voi.

Credo che il mondo stia aspettando te, proprio te e il tuo messaggio e so che tu sei l'unica persona che può portare la tua idea al mondo.

Vedo il miracolo che siete e il potere che avete di portare una benedizione e una radicalmente trasformazione al mondo con i vostri doni. Prendetevi un momento per guardare l'immagine di copertina di questo libro. Voglio che vi immaginiate su quel palco, con i coriandoli che vi passano davanti mentre il pubblico vi acclama. Vi stanno celebrando. Io vi sto celebrando in ogni capitolo di questo libro e in ogni passo del vostro percorso. Voglio che vi appoggiate a me quando pensate di non farcela. Sarò la vostra cheerleader, il vostro mentore e la risorsa a cui potrete fare riferimento per creare e catalizzare il vostro movimento.

Questo libro è suddiviso in tre parti principali: Scoprire il Proprio Scopo, Sviluppare le Proprie Capacità di Leadership e Realizzare la Propria Visione. Noterete che una sezione sulla Celebrazione inizia e termina il libro. Il motivo? La celebrazione è diventata l'abilità più potente che ho utilizzato per la trasformazione personale e di migliaia di persone con cui ho lavorato. Nel corso del libro sarete incoraggiati a celebrare.

Il libro è stato concepito per fare esattamente quello che dice il sottotitolo: darvi la forza per diventare uno speaker di impatto e un leader visionario, ed è strutturato in modo da condurvi attraverso un processo di (ri)scoperta, sviluppo e infine donarvi e celebrare chi siete e quale è la vostra visione, la vostra missione e il vostro messaggio per questo mondo.

Voglio dire ancora una parola speciale su i "non lo so" e "non sono pronto":

Non sarete mai pronti del tutto e non saprete mai tutto (che ve ne pare di questo bell'incoraggiamento unapologetic?).

In qualsiasi momento del vostro viaggio attraverso questo libro, se vi trovate di fronte a una domanda a cui non riuscite a rispondere o se avete la sensazione di sentirvi sopraffatti, vi incoraggio ad applicare questa linea di pensiero:

Sostituite "Non lo so" con "Se lo sapessi, la risposta sarebbe...".

Sostituite "Non sono pronto" con "Se fossi pronto, la risposta/il prossimo passo sarebbe...".

Sostituite "Mi sento sopraffatto" con "Se non mi sentissi sopraffatto, la risposta/il prossimo passo sarebbe...".

Alla fine di ogni capitolo, troverete una sezione dedicata a quelli che io chiamo Influencer Unapologetic. Questi straordinari coach, imprenditori, padroni di attività e leader condividono le loro storie e le lezioni che hanno imparato lungo il cammino, attraverso la lente di una *"UNword"* di loro scelta. Le "UNword" sono parole che implicano una differente interpretazione del concetto che esprimono, che vanno controcorrente rispetto al significato intrinseco della parola composta: per esempio, "stoppable" vuol dire "arrestabile" ed ecco che "UNstoppable" ne reinventa il concetto stesso, facendolo diventare "inarrestabile, irrefrenabile, travolgente". Tutte le "UNword" in questo libro saranno seguite dalla relativa spiegazione e traduzione, che troverete all'inizio di ogni capitolo e nell'introduzione della sezione dedicata a ciascun Influencer. Le testimonianze di queste persone sono molto importanti e significative: ognuno di loro crede nella propria visione e nella sua missione. Spero che le loro storie possano ispirare anche voi a mettervi sotto i riflettori per dichiarare al mondo la vostra missione e il vostro messaggio, in modo unapologetic.

Siete più vicini di quanto pensiate a diventare un leader e uno speaker visionario. Siete pronti? Siete pronti a scoprire, sviluppare e realizzare la vostra idea (che vale assolutamente la pena diffondere), la vostra visione, e a costruire il vostro momento di fuoco? Siete pronti ad tirare il più possibile e far crescere la vostra visione e la vostra zona di comfort per entrare in una nuova realtà? Siete pronti a vivere il vostro scopo e, di conseguenza, ad ispirare gli altri a fare lo stesso? Siete pronti a diventare il leader e lo speaker visionario che vedo in voi? Se sì... allora iniziamo questo viaggio insieme.

Siete pronti, ora, ad iniziare il viaggio verso il vostro "io" unapologetic!

Davide Di Giorgio

PARTE I

SCOPRIRE IL PROPRIO SCOPO

Unbroken:
non-rotto, integro, intero, giusto.

UN

SEI PRONTO AD ESSERE
UNBROKEN?

SCOPRIRE LA VERITÀ

"Se si entra in questo mondo sapendo di essere amati e si lascia questo mondo allo stesso modo, allora tutto ciò che accade nel mezzo può essere affrontato".

— Michael Jackson

La vita inizia con la celebrazione.

Anche prima dell'arrivo, nel momento in cui si scopre che sta per nascere un nuovo bambino, si festeggia e lo si celebra.

Il mio amore per prendere posizioni forti è iniziato agli albori della mia vita e, con il mio solito grande stile, ho deciso di arrivare un po' prima, nel bel mezzo di un sabato sera con una luna perfettamente piena.

Da quanto si dice, al mio arrivo l'infermiera della sala parto esclamò: "Questo sarà un pianista!". Sebbene questa affermazione abbia messo in crisi i miei genitori immigrati, che non avevano né un'affinità con la musica né la convinzione che la musica fosse un'opzione di vita per il loro figlio, hanno celebrato comunque il mio arrivo con molto amore.

Ad ogni passo e ad ogni pietra miliare della vita, c'è qualcosa da celebrare.

I primi anni di vita sono una serie di celebrazioni. Il primo sorriso, la prima risata, le prime parole e, naturalmente, i primi passi: ogni momento viene accolto con una celebrazione e ogni celebrazione rafforza la verità di chi siamo.

Lungo il percorso, ci sono momenti determinanti che rivelano il nostro carattere e i nostri talenti.

Sono sempre stato una persona mattiniera, a volte causando anche la frustrazione dei miei genitori. Avevo un'attitudine ad alzarmi presto e a lanciarmi, diciamo così, nell'avventura.

Ho un vago ricordo (confermato da mia madre) di essermi alzato presto una mattina per prendere dal frigorifero due dozzine di uova e una vaschetta di ricotta. Sembra che io abbia mostrato un talento precoce per la creatività in cucina, anche se in questo caso, io e i miei ingredienti siamo finiti sul tappeto del soggiorno, dove ho deciso di creare la mia prima delizia culinaria.

Anche se non ci furono proprio delle celebrazioni immediate in quella situazione (anzi, il contrario), alla fine la mamma adottò un approccio del tipo "se non puoi batterli, unisciti a loro". Nonostante avessi combinato un piccolo disastro sul pavimento del soggiorno, avevo dimostrato il mio talento e il mio interesse per la cucina. Iniziò così una tradizione domenicale in cui mi sedevo al tavolo della cucina a guardare (e a volte ad aiutare) la mamma mentre preparava il cibo per la settimana.

Per me era una festa e celebrazione settimanale, che aspettavo con ansia anche in adolescenza.

La scoperta della verità su chi siamo non sempre viene celebrata, invece. A volte, è solo una di quelle cose che vengono fuori quando si è costretti a risolvere un problema e si è abbandonati a se stessi.

Quando frequentavo la scuola materna, avevo un folto fan club di amiche. Ero la prima scelta nella classe per giocare alla "famiglia" e al "dottore", tanto che le bambine finivano addirittura per litigare per me.

Non essendo mai stato uno che ama i conflitti, un giorno mi misi a risolvere quel crescente dramma.

Quando l'insegnante uscì dall'aula per un momento, passai all'azione.

Per prima cosa, mandai gli altri ragazzi a giocare con le loro macchinine e i loro camion. Poi, chiesi alle ragazze di mettersi in fila l'una accanto all'altra, mentre io prendevo una sedia e mi mettevo in piedi di fronte a loro.

Iniziai così a proclamare: "Andrea, tu sarai la mia ragazza del lunedì! Ezra, tu sarai quella del martedì! Sonia, tu invece quella del mercoledì... e anche del giovedì!" (Sonia era la mia preferita; tra l'altro, in terza elementare divenne davvero la mia ragazza per almeno qualche minuto).

In quel momento di leadership, imparai diverse cose su di me e sul potere di essere me stesso:

1. Avere in mente un risultato chiaro (quello che oggi chiamo visione) mi aveva spinto ad agire con coraggio e aveva risvegliato in me una fiducia che non sapevo ci fosse.

2. La visione stessa ha risvegliato il leader che era in me.

3. Quando mi sono comportato come il leader che ero nato per essere (semplicemente essendo me stesso, unapologetically), gli altri mi hanno seguito.

Ripensa alla tua infanzia. Quali sono i momenti in cui hai agito come chi sei veramente, senza filtri?

____

____

____

____

____

____

____

____

Sulla base di quei momenti, qual è la tua verità? Prova a formularla qui sotto, in una affermazione come "Io sono".

Per esempio, basandomi sullo scenario della mia fidanzatina dell'asilo, direi: "Sono una persona popolare, benvoluta, che risolve i problemi creativamente e sicura di sé".

____

____

____

____

LA VERITÀ REALE

Una volta, Steve Jobs disse: "Non puoi unire i puntini guardando avanti, puoi farlo solo guardando indietro. Per questo, devi avere fiducia nel fatto che i punti si uniranno in qualche modo nel tuo futuro. Devi avere fiducia in qualcosa: nel tuo istinto, nel destino, nella vita, nel karma, in qualsiasi cosa".

Molte persone sono in missione per scoprire gli scopi della loro vita, proiettandosi nel futuro, definendo piani, creando tavole di visione, assumendo life coach ed esplorando pratiche spirituali: tutte attività che guardano al futuro.

La verità è che non siete qui su questa terra per scoprire il vostro scopo. Siete arrivati con uno scopo e se prestate attenzione ai momenti della vostra vita in cui avete agito in base a ciò che siete veramente, riconoscerete quello scopo.

La verità, quindi, esiste in ciò che avete già fatto e, soprattutto, nella persona che avete già mostrato di essere.

Quando lavoro con leader e speaker, la prima fase che gli faccio esplorare è sempre scoprire chi sono già stati per tutta la vita.

Vedete, avete lasciato cadere a terra una scia di briciole di pane da quando siete arrivati. A partire da quella prima standing ovation al momento della vostra nascita, ci sono stati momenti in cui vi siete presentati come voi stessi. Proprio come ho fatto all'asilo e nel mio momento "ricotta e uova sul tappeto". È in quei momenti che la vostra verità e il vostro scopo vengono rivelati.

CHI SEI?

Il vostro scopo si manifesta in ciò che siete. Il motivo per cui fate quello che fate è chi siete (e chi siete sempre stati).

Ripensate ai vostri primi anni di vita, anche a quelli che voi stessi non ricordate, per immaginare quanto venivate celebrati per quello che eravate in un determinato momento.

Con ogni celebrazione, avete acquisito fiducia e rafforzato la vostra identità. Ogni volta che venivate celebrati per aver sorriso, riso, fatto un passo, aver usato il vasino - indipendentemente da quanto piccola fosse la celebrazione - facevate un passo avanti nel vostro essere, e lo facevate in modo unapologetic! Anzi, siete stati incoraggiati a essere unapologetically voi stessi. Sciocchi, gioiosi, giocosi, creativi, curiosi... voi.

Quindi, cosa è cambiato?

Credo che il cambiamento sia avvenuto quando avete dimenticato la verità di chi siete, un miracolo, e avete smesso di celebrare questo semplice fatto.

Da qualche parte, lungo il percorso, siete stati incoraggiati a non essere chi siete e ad adeguarvi alle norme e alle aspettative della società. Vi è stato chiesto di stare zitti, di comportarvi in modo appropriato e, in definitiva, di attenuare la vostra luce per non emergere o essere diversi.

Che peccato. La verità è che siete diversi e più riuscite ad accettare e a celebrare che è in quella vostra differenza che si trovano la vostra verità, il vostro scopo, il vostro messaggio e il vostro miracolo, più sarete in grado di vivere pienamente la vostra verità e il vostro miracolo.

TROVARE LA STRADA PER TORNARE A TE — A QUEL TE STRAORDINARIO

Come si fa a riscoprire chi siamo, se si ha la sensazione di aver perso la strada? Come si fa ad abbracciare l'essere unapologetically se stessi?

Tutto inizia con il riconoscere e celebrare le briciole di pane della vostra vita. Le briciole sono le storie e gli episodi che compongono la vostra vita, dalla nascita fino ad oggi.

Ogni nuovo cliente con cui lavoro passa attraverso questo processo, dallo speaker esperto al leader adolescente.

Ho chiamato questo processo "*Diario di Straordinarie Storie Quotidiane*" ed è stato progettato per rivelare chi siete attraverso chi siete sempre stati.

Guardate indietro nella vostra vita e cominciate a documentare tutte le storie che ricordate. Ai fini di questo esercizio, definisco le storie come "incidenti". Pensate a situazioni del tipo "Quella volta in cui..." che ricordate. Possono essere ricordi belli o brutti; tutto conta e tutto rivela qualche aspetto del vostro essere. Il vostro lavoro consiste semplicemente nel documentare mettendo giù ogni episodio che ricordate, per quanto insignificante possa sembrarvi.

Il trucco consiste nel non applicare alcun filtro all'incidente in sé: è sufficiente documentare tutto ciò che si ricorda così come lo si ricorda, con alcune parole che possano rinfrescare la memoria sull'incidente stesso.

A titolo esemplificativo, ho avuto una cliente che stava affrontando questo processo e mi ha avvertito di aver inserito diversi ricordi insignificanti, uno dei quali riguardava il modo in cui si lavava i denti.

Per me, questo semplice incidente rivelava che era orientata ai dettagli, così le ho fatto delle domande su come la sua attenzione ai dettagli avesse influenzato la sua vita. Era scioccata. Era presente in ogni parte della sua vita! Le briciole di pane si riveleranno da sole.

Anche se i miei genitori all'epoca non lo sapevano ancora, alla fine avrei mostrato molto il mio talento per la musica. L'infermiera aveva ragione. Ed è stato nei momenti in cui mi sono messo a seguire la mia vera bussola interiore, partendo da me stesso, che sono accaduti miracoli per me e per gli altri intorno a me.

Mi ci sono voluti più di quarant'anni per arrivare a questa realizzazione e comprensione della mia identità e della verità di chi sono. Ora sono in missione, per permettervi di entrare nel vostro miracolo prima, piuttosto che dopo... anzi, proprio adesso.

IL *TUO DIARIO DI STRAORDINARIE STORIE QUOTIDIANE* (E DELLA VITA!)

Come avrete capito, il *Diario di Straordinarie Storie Quotidiane* è qualcosa che non completerete mai. Diventerà un'abitudine, un modo di vedere il mondo e di capire come interagire con esso. Man mano che si va avanti nella vita, continueranno ad affiorare nuovi ricordi del passato. Vi suggerisco di procurarvi un diario apposta, in cui poter aggiungere pagine per tutti gli anni a venire. Oppure di iniziare scrivendo su di un diario digitale. Io uso uno strumento chiamato Evernote, in cui aggiungo continuamente storie che alla fine diventano nuove idee e contenuti per futuri discorsi, post e video sui social media e talvolta, persino libri.

Iniziate a documentare le storie della vostra vita nel vostro *Diario di Straordinarie Storie Quotidiane* per iniziare a rimuovere gli strati che coprono chi siete realmente.

Prenditi ora qualche minuto per riempire lo spazio sottostante per dare inizio a questo processo.

Ricorda, si tratta di scrivere di getto la prima cosa che ti viene in mente: quindi, tutto ciò che ricordi conta, e deve essere inserito.

____

____

____

____

____

Come afferma Michael Jackson nella citazione che apre questo capitolo, tutto ciò che è compreso tra i due momenti di standing ovation della vita (la nascita e la morte) è semplicemente fatto della vita. Sono arrivato a celebrare tutti questi momenti come indizi di chi siamo veramente.

Le celebrazioni sono importanti. Cosa stai celebrando in questo momento?

____

____

____

SOTTO I RIFLETTORI: UNAPOLOGETIC INFLUENCER

UNBROKEN

DI CHRISTINE ROSAS

Christine Rosas è una speaker, insegnante e grande sostenitrice della voce interiore.

Per me, essere *unbroken* significa essere consapevoli di essere okay, che vai bene così come sei, anche ora, esattamente come in questo preciso momento. Anche se dentro di voi ci può essere la consapevolezza che alcune parti della vostra personalità o della vostra situazione potrebbero avere bisogno di un aggiustamento o forse addirittura di una grande revisione, questa è una consapevolezza delicata. Non c'è alcuna urgenza di sistemare qualcosa. Al contrario, si tratta della profonda consapevolezza di un semplice passo che potete fare, e poi un altro, fino a raggiungere l'obiettivo che vi siete prefissati.

Quando vivete la vostra vita integri, *unbroken*, non serve comportarsi come se ci si vergognasse di quel siamo. Se avete bisogno di piangere, lasciate che le vostre lacrime scorrano. Se avete bisogno di ridere, fatelo a voce alta. Se vi capita di urlare di rabbia, fate onore a voi stessi e alle persone coinvolte con un tocco di eleganza e grazia. Riconoscete il vostro contributo in una situazione difficile. Tutti questi atti rappresentano momenti della vostra vita. Non sono la piena espressione di ciò che siete.

Quando accettate di essere *"non essere rotti"*, vi rendete conto che non c'è nulla da aggiustare. Si abbandona quindi il senso di urgenza di essere qualcun altro. Se volete essere *unbroken*, non sprecate le vostre energie per essere qualcuno di diverso da quello che siete in questo momento. Provate, invece, a trovare il coraggio di sedervi con la versione di voi in questo momento. Onorate questa versione di voi testimoniandone la presenza.

In un mondo perfetto, tutti vedrebbero gli altri come se fossero *integri*. Tuttavia, viviamo in un mondo di persone che hanno avuto le loro esperienze di vita e creato le proprie prospettive su varie situazioni. Di conseguenza, potreste avere un momento in cui un'altra persona vi giudica come *rotti*. La mia speranza è che riusciate a prendervi un momento per mettere la mano sul cuore, chiudere gli occhi e respirare profondamente. Concentrate la vostra attenzione sul cuore, il luogo che contiene ciò che vi rappresenta realmente. Sentite chi siete veramente. Permettete che questo momento di riconoscimento del vostro vero sé metta in ombra il giudizio degli altri.

Permettetemi ora di condividere con voi la storia del mio essere *unbroken* nella mia vita. Quando io e i miei due figli siamo tornati negli Stati Uniti, mio marito è rimasto per qualche mese per continuare a lavorare in Arabia Saudita. Ci siamo riuniti per una vacanza in una casa lungo la costa di Washington. È stato un bel modo di festeggiare il mio compleanno. Tuttavia, invece di godermi la splendida vista attraverso le finestre panoramiche del soggiorno, mi ritrovai, ancora una volta, nella doccia del bagno, rannicchiata in posizione fetale e singhiozzando. Era una cosa tipica di me. Tutti erano entusiasti di essere riuniti in famiglia, ma io ero nervosa e desideravo essere altrove, così mi nascondevo dietro la scusa di aver bisogno di una doccia per staccare.

Ho permesso che una serie di pensieri mi portassero dritta in una spirale di vergogna. *Perché urlo così tanto con i miei figli? Perché mi sento così esausta? Voglio sentirmi più felice e godermi questo tempo con mio marito. Devo essere una moglie migliore. Devo essere una mamma migliore. Perché mi sento sempre così quando tutti gli altri sono felici? Cosa c'è di sbagliato in me?*

Sentivo di sapere che non potevo sentirmi così. Mi dedicai alla terapia. Lessi tutti i libri di auto-aiuto più famosi. Sapevo cosa fare: pensare a pensieri felici, scrivere liste di cose verso cui ero grata, guardarmi intorno e vedere quanto fossi fortunata, per l'amor del Cielo. Ma non ci riuscivo. Mi sentivo senza speranza. Tutto questo, eppure, guardatemi: un disastro sul pavimento della doccia. Continuavo a singhiozzare, ripetendomi: "Quando mai finirà? Finirà mai?".

Poi mi travolse un pensiero. Tutto questo "fare". Dove mi stava portando? Dove intendevo andare? Se fossi stata veramente onesta con me stessa, avrei detto di voler fuggire verso una versione migliore di me. Stavo correndo mentalmente il più velocemente possibile per essere da qualche parte e qualcun altro.

Poi avvertii un altro cambiamento più profondo e pensai: *"Cosa succederebbe se passassi davvero del tempo con la me di questo momento? Se la onorassi? Se la abbracciassi e le facessi sapere che sta bene? Che effetto farebbe?*

Quando ho scelto di rimanere sul pavimento della doccia, riconoscendo, ascoltando e onorando la me di quel momento, la pesante nuvola del fardello - il bisogno di fare ed essere di più - si è dissolta. Sono riuscita a vedere la possibilità di godere di quel momento. Certo, ero ancora un po' stanca per la mia situazione attuale. Ma ho provato speranza, gratitudine e pace, senza dover arrancare per "tornare in pista".

In quel momento, ho capito che la vita è un caos. È piena di momenti in cui siamo un'espressione divina del nostro vero sé e di altri in cui siamo messi alla prova dalla vita. Tuttavia, nessuno di questi momenti è un segno che siamo *rotti*.

Quando ci sentiamo distrutti e falliti, prendiamo come legge i consigli degli altri. La nostra voce interiore non conta più. Quando l'opinione di qualcun altro differisce da ciò che abbiamo nel cuore, la consideriamo un'ulteriore prova del fatto che non sappiamo cosa sia meglio per noi.

Ho vissuto in questo modo per la maggior parte della mia vita. Se non avessi scelto di permettere a tutta me stessa di essere così com'era in ogni momento, starei ancora mettendo in dubbio il potere del mio sistema di guida interiore.

Fidatevi del vostro istinto interiore. Credete che sì, anche voi, siete *unbroken*. Scoprirete che la vita non solo diventerà più facile, ma potrete anche abbracciare il vostro vero io.

Unchained:
non-incatenato, liberi dalle catene, senza freni.

UN SEI PRONTO AD ESSERE UNCHAINED?

PORSI DOMANDE

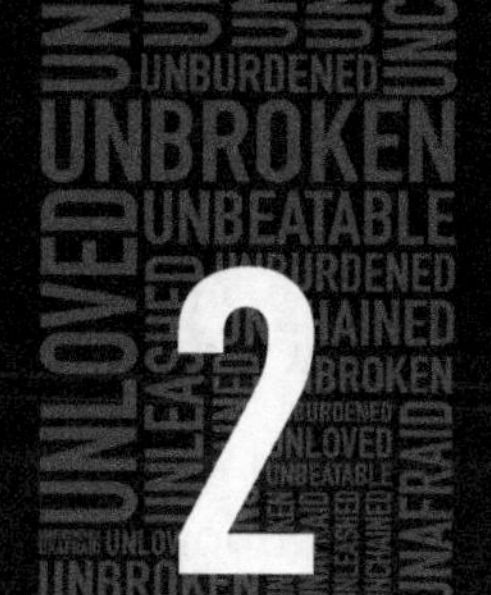

"Smettila di provare ad aggiustare te stesso, e sii te stesso."

— Baron Baptiste

Nel primo capitolo, avete iniziato il processo di scoperta della vostra vera essenza: non solo chi siete, ma chi siete stati per tutta la vita. La persona che siete fin dalla nascita. Quella persona che è un leader nato, il prodotto di un miracolo e, a sua volta, un creatore di miracoli.

Osservando gli indizi che avete lasciato dal vostro arrivo, potrete iniziare a vedere come vi siete presentati nel corso della vostra vita. Il processo contenuto nel libro *Libro di Straordinarie Storie di Ogni Giorno* vi consente di scoprire voi stessi attraverso le vostre azioni, interazioni e incidenti quotidiani.

In questo capitolo vi sfiderò a smettere di farvi le domande sbagliate quando si tratta del vostro scopo e di chi siete.

BRICIOLE DI PANE

Immagino che non sia un caso che il mio ruolo nella vita sia stato spesso quello di guida.

Quando ero in prima media, la mia scuola aveva una nuova insegnante di canto. Quando questa insegnante annunciò che avrebbe dato vita a un nuovo coro, ero euforico!

A quel punto, avevo già realizzato la profezia dell'infermiera della sala parto. All'età di sei anni circa, avevo iniziato a mostrare un vero talento per la musica. Mio padre aveva portato a casa una piccola tastiera elettrica per pianoforte—una Bontempi. La vedo ancora nella mia mente! Aveva non più di diciotto tasti ed era corredata da un libro di musica.

Nel giro di poche ore da quando l'avevo, studiavo e creavo, con grande stupore dei miei genitori (o forse orrore, perché credo che quello che gli stava passando per la testa fosse: *Oh, no! Questo significa che forse dovremo investire in lezioni di musica e, un giorno, in un pianoforte!* Per inciso, in prima media ho finalmente convinto i miei genitori a comprarmi un pianoforte verticale.

In seconda elementare ho fatto l'audizione per una scuola di coro maschile molto rinomata. Più o meno nello stesso periodo, mi ero interessato ad alcuni grandi compositori e avevo letto per diletto la biografia di Beethoven.

Così, quando fu annunciato il nuovo coro della scuola, ero pronto!

Non dimenticherò mai di essermi presentato alle audizioni a pranzo. Sapevo di avere le carte in regola, avendo già trascorso un po' di tempo a prendere confidenza con la signora LaPlante (l'insegnante del coro). Mi piaceva e si impegnava molto per noi ragazzi.

Alla fine delle audizioni, sorridevo da un orecchio all'altro. La signora LaPlante mi prese da parte e mi disse: "Davide, mi piacerebbe che tu facessi parte del coro [Sì!] come accompagnatore!". Cosa?

Mi spiegò poi che avevo troppo talento per essere solo un membro del coro... che dimostravo un grande talento come leader. Così, a dodici anni, divenni il più giovane accompagnatore del mio distretto. Negli anni successivi, accompagnai il coro in occasione di festival, concorsi e concerti.

In quella situazione, non ho fatto domande; mi sono semplicemente arreso alla visione che la signora LaPlante aveva di me. Ovviamente, lei vedeva qualcosa che io non vedevo, quindi non feci domande. Naturalmente, non avevo idea di essere abbastanza bravo o di quale sarebbe stato il mio ruolo, ma invece di preoccuparmene, ho continuato a presentarmi alle prove e sono diventato l'accompagnatore.

ALTRE BRICIOLE DI PANE

Come spesso accade, la storia si ripete. Questo stesso scenario si è ripetuto per me almeno altre tre volte quando ero al primo anno di università.

Durante il liceo, quando avevo circa 16-17 anni, il dipartimento di teatro annunciò che avrebbe messo in scena un musical. Era il mio momento di gloria! Finalmente avrei avuto la possibilità di cantare, ballare e recitare sul palco! Ero pronto.

Così, feci l'audizione. Ricordo che ero una delle persone più giovani: il cast era composto per lo più da studenti più grandi, ma questo non mi fece desistere.

Alla fine, arrivò il giorno dell'annuncio del cast. Fui preso da parte dai registi, che mi dissero: "Davide, vorremmo che tu fossi il direttore musicale dello spettacolo e che cantassi anche due canzoni".

Ce l'avevo fatta! Non avevo idea di cosa comportasse fare il direttore musicale, ma era l'unica offerta sul tavolo e, data la mia situazione a scuola, stavo cercando un'ancora di salvezza. Quella poteva esserlo.

Ancora una volta, non ho messo in discussione la visione che avevano di me. Mi sono semplicemente presentato alle prove e ho ricoperto il ruolo.

Due anni dopo gli insegnanti di recitazione annunciarono un altro musical. Questa volta ero determinato a cantare, ballare e recitare sul palco! Non dimenticherò mai di essermi avvicinato all'insegnante di teatro e regista dello spettacolo, il signor Gorman, e di avergli detto: "Signore, quest'anno voglio *essere* nel musical!".

Il signor Gorman mi fissò e, con una scintilla irlandese negli occhi, rispose: "Davide, abbiamo un'idea migliore. Quest'anno sarai tu a scrivere il musical!".

Non feci domande. Mi sono presentato e basta.

Durante una settimana di vacanze di primavera, io e il signor Tos, l'insegnante di fisica, ci siamo seduti insieme per dare vita a melodie e idee per dieci canzoni.

Pochi mesi dopo, mi ritrovai ad essere un compositore canadese pubblicato.

LE DOMANDE CHE NON DOVRESTI FARE

Nel Corso degli anni, ho lavorato con migliaia di performer di ogni tipo, presentatori e speaker, e un tratto comune che ho notato trattenere ciascuno di loro dal diventare grandiosi, è che fanno sì domande-ma le domande sbagliate. Ad esempio:

- Il cantante con il ruolo principale di un musical: "Come dovrei cantare questo verso?"
- Uno studente delle superiori che sta preparando una presentazione in classe: "E se non avessi abbastanza materiale per coprire cinque minuti?"
- Un imprenditore di successo, un leader e speaker che prepara la sua TEDx talk da mandare in onda: "Su quale argomento dovrei concentrarmi e quali storie dovei raccontare?"

Quali sono le domande giuste?

Per molto tempo, non ne sono stato sicuro nemmeno io, ma ecco cosa ho osservato attraverso lo studio e il lavoro nel teatro musicale.

Quando sono arrivato al college, reduce dal successo del mio musical, volevo assolutamente continuare a studiare nel mondo del teatro. Non ho dovuto aspettare a lungo. Durante la prima settimana di lezioni, ho frequentato il corso elettivo di "Produzione teatrale", uno dei pochi corsi che potevano seguire i non laureati in teatro (io ero laureato in musica).

L'istruttore annunciò subito che il corso si sarebbe svolto in concomitanza con la produzione e che tutti noi avremmo avuto dei ruoli nella compagnia di produzione. Quando scoprì che ero un compositore, mi portò in una stanza adiacente con un pianoforte a coda e mi chiese di suonare alcuni brani che avevo scritto.

Dopo qualche minuto, mi interruppe e disse: "Fantastico! Sarai il nuovo direttore musicale per i prossimi quattro anni della Vanier College Productions! Ho bisogno che tu scriva qualcosa che sia lungo forse novanta secondi, multimetrico, forse un po' Streisand e un po' *West Side Story* - ne avremo bisogno tra qualche settimana. Ci vediamo la prossima settimana in classe!".

(Per inciso, la "Sonia del mercoledì e del giovedì" dell'asilo era nella stessa classe. Non la vedevo dalla terza elementare!).

Senza nemmeno la possibilità di fare domande, dovetti mettermi al lavoro. La prima domanda che mi posi, fu: "Chi può aiutarmi a dare vita a questo progetto?". Non ero particolarmente portato per la scrittura di testi e, con una tempistica così breve, sapevo che avrei dovuto coinvolgere qualcuno. Così, lanciai un appello sulle bacheche del college e nel giro di pochi giorni trovai il mio paroliere.

La domanda successiva che mi posi, allora, fu: "Chi devo essere per portare a termine questo lavoro?".

Dovevo essere in missione, efficiente con il mio tempo, sicuro di me e diligente per portare a termine il compito che mi era stato affidato.

E sono stato all'altezza della situazione.

Sono diventato la persona che dovevo diventare.

Negli anni in cui sono stato direttore musicale (e in seguito direttore artistico di una serie musicale), ho avuto modo di lavorare a stretto contatto con il direttore artistico della compagnia, Fred Thury, lo stesso che mi aveva offerto il ruolo di direttore artistico nella mia prima settimana di lezione. Divenne un mentore per me ed è stato una delle persone che hanno formato la persona che sono diventata oggi.

Uno dei ricordi più vividi che ho di Fred è il modo in cui guardava gli interpreti mentre recitavano i testi. Si sedeva con le mani rivolte verso il viso, le dita tese verso la bocca come se stesse stringendo una pallina antistress in ogni mano, e diceva: "Testo, testo, testo...".

Pensavo che volesse dire che voleva che i cantanti e gli artisti scandissero di più, in modo che le parole fossero chiare.

Quello che ho imparato nel corso della mia crescita come direttore musicale è che in realtà cercava che l'esecutore si manifestasse attraverso le parole e la musica.

Man mano che crescevo nei miei talenti e istinti, iniziavo a notare che il testo e l'esecuzione in sé non erano sufficienti. Soprattutto durante le audizioni, mi era apparso chiaro che alla maggior parte degli interpreti e delle esecuzioni mancava qualcosa. La nota che facevo a più del 90% dei partecipanti alle audizioni era "Non mi sembri credibile" e "Non riesci a crederci tu stesso". In altre parole, l'interprete non incarnava il ruolo o il testo.

Consideriamo per un momento il musical teatrale. Gli interpreti devono dare vita a testi astratti cantando e, spesso, anche ballando. Se avete mai letto i testi, saprete che di solito si tratta di strutture poetiche non lineari, quasi senza senso, che includono molte ripetizioni e rime. Non c'è da stupirsi che spesso non trovassi credibile l'interprete.

Ma alcuni interpreti riescono a commuovere il pubblico e a creare momenti di standing ovation. Sono diventato ossessionato da questi artisti e da queste performance ed è stato il lavoro della mia vita scoprire il "fattore X", se così si può dire, e imparare a ricrearlo in modo che anche altri possano sviluppare questa abilità e realizzare performance degne di una standing ovation.

La svolta arrivò quando sentii la storia di un famoso direttore musicale che era solito ascoltare la sua orchestra dandole le spalle. Decisi di adattare questa idea al musical teatrale per vedere cosa avrei potuto imparare e scoprire. Quello che scoprii fu pura magia e cambiò radicalmente il mio modo di affrontare la regia e la performance per sempre.

In questo capitolo, vi mostrerò come potete usare ciò che ho imparato per portare il vostro modo di parlare, cantare, esibirvi e presentare qualsiasi tipo di spettacolo a nuovi livelli che porteranno il pubblico all'azione, a partire da una standing ovation.

La mia scoperta è stata questa: le persone non sentono o rispondono a ciò che dite (o cantate); sentono, percepiscono e rispondono al vostro modo di essere.

È così semplice.

Con le spalle voltate, l'unico modo per raggiungermi era attraverso la sincerità della performance. L'interprete doveva credere a ciò che diceva. Doveva credere alle sue motivazioni. Doveva diventare il personaggio infuso di tutte le emozioni, la storia, i desideri e le voglie che avrebbero dato vita ai testi e alla musica. Quasi nulla di tutto ciò era presente nella sceneggiatura e nella musica.

LA GRANDE DOMANDA

Un'analisi delle domande sarebbe incompleta senza menzionare la grande domanda: Perché?

Con il suo *Why Movement* (Movimento del Perché), Simon Sinek ha catalizzato migliaia e migliaia di persone che operano più in linea con il loro scopo. Ha incoraggiato i leader di tutto il mondo a essere focalizzati sullo scopo e a scoprire i propri scopi.

Nella mia esperienza con migliaia di artisti, presentatori e oratori, il problema si presenta quando l'individuo o il gruppo (nel caso di un cast completo ma anche di una compagnia) non conosce il proprio perché.

Porre la domanda "Perché?" spesso si traduce in "Qual è il mio scopo?". È una domanda lungimirante, piuttosto che una domanda che onora e celebra le briciole della vostra identità che avete lasciato cadere per tutta la vita.

Anche in ambito performativo, "Perché?" può tradursi nell'antica domanda "Qual è la mia motivazione?". Questa domanda è comunemente posta dagli attori di metodo che si basano sull'intento e sullo scopo per plasmare le loro performance.

"Perché?" può essere una domanda difficile da rispondere. Nel 2011, mentre guardavo la mia casa bruciare (racconterò questa storia nel capitolo 12), e per molti mesi (probabilmente anche anni) del conseguente trauma, l'unica risposta che riuscivo a dare al perché facessi qualcosa in questa vita (lo scopo di una qualsiasi delle mie azioni) era che non c'era assolutamente alcuno scopo in nulla.

Ho letteralmente attraversato il mondo alla ricerca del significato della vita e alla fine ho capito che chiedere "perché?" spesso ci fa deragliare dal nostro vero scopo poiché ci spinge a cercare esternamente qualcosa che non si trova "là fuori".

Lo scopo è intrinseco. È una parte di te, proprio come il tuo codice genetico. È nel tuo DNA.

È *chi* sei.

Eureka!

LA DOMANDA CHE DOVRESTE PORVI

Invece di chiedere e cercare "Perché?", iniziate a chiedervi "Chi devo essere?".

Come speaker, chi dovete essere per trasformare il vostro pubblico? Per cambiare il suo modo di pensare? Per regalargli una nuova prospettiva?

Come leader, chi dovete essere per condurre i vostri collaboratori al loro successo? Per guidare un movimento? Per ispirare altri leader?

Come visionario, chi dovete essere per attrarre e guidare la vostra tribù verso la grandezza?

Prendete in considerazione la possibilità di chiedervi "Chi sono?" e "Chi sono sempre stato?" per rivelare la vostra essenza, come verrà mostrato nel vostro Diario di Straordinarie Storie Quotidiane. Nei miei primi lavori, avevo un modello a cu facevo riferimento e che chiamavo "Perché e come stupire". Si trattava dell'errore più comune che fanno gli oratori e i leader: chiedere *cosa* e *come* prima di capire per quale ragione siano in azione e stiano facendo quello. Il mio processo prevedeva una serie di domande che iniziavano con il *perché*, seguite da *chi, cosa* e infine *come*.

Negli ultimi anni ho modificato questo modello in "Dal Chi al Come Arrivare al Wow!" ("Wow, ovviamente, è il momento della standing ovation). Le prime domande da considerare: Chi sono? Chi sono stato? Chi voglio essere? Chi è il mio pubblico in questo momento? Chi voglio che sia il mio pubblico?

La domanda "*chi*" vi informa direttamente del *perché* per fate ciò che fate e *perché* siete ciò che siete (interamente e completamente, in questo istante).

SULLO SCOPO

Siete arrivati con uno scopo e, sebbene possiate trovarlo al servizio degli altri, le specifiche di quello che è il vostro vero scopo sono già dentro di voi in attesa che vengano (ri)scoperte (o forse ricordate).

Come insegna lo yogi, leader e visionario Baron Baptiste, invece di cercare costantemente di aggiustare voi stessi o di trovare la prossima cosa a cui passare, cosa succederebbe se vi prendeste davvero del tempo per diventare voi stessi? Quanto sareste più autentici e reali? Come potreste spingere gli altri all'azione operando a partire dal vostro stesso miracolo, anziché cercando di soddisfare le aspettative di qualcun altro su chi dovreste essere?

Date un'occhiata al vostro Diario di Straordinarie Storie Quotidiane. Esaminate ogni episodio e ponetevi queste due domande:

1. Come ho reagito/risposto in questa situazione?

2. Chi ero in quel momento?

Notate lo schema che emerge.

In base alle risposte che vi siete dati alle domande precedenti, chi siete stati nel corso della vostra vita? Potrebbe non essere tutto positivo, no quello che volete o vi aspettate, ma conoscere chi siete stati nel corso della vostra vita vi permetterà di scoprire chi siete veramente.

Ad esempio, se guardo alla mia vita, posso dire: sono un leader. Sono amato. Sono creativo. Ho (a volte) paura. Sono eccessivamente unapologetic.

Sono ____________________ Sono ____________________

Sono ____________________ Sono ____________________

Sono____________________ Sono ____________________

Sono ____________________ Sono ____________________

UNCHAINED

DI CARSON COOPER

Carson Cooper è un coach, speaker e mediatore.

Vivere *non-incatenati* significa vivere con autenticità, coraggio e vulnerabilità. Essere *non-incatenati* è vivere con passione, con uno scopo e con il proprio potenziale. Significa liberarsi dallo sconforto, vincere sulla noia e la frustrazione e comprendere di cosa siamo fatti veramente.

Per me, essere *unchained* significa che ognuno è leader, per scelta o per destino. Scelgo di vivere la mia vita come un leader aperto, che sa osare e affidabile. Essere un leader vuol dire avere la volontà di litigare con i tuoi genitori per trasferirti insieme al tuo primo amore; lasciare il proprio posto di lavoro fisso e sicuro per diventare un imprenditore; uscire da una relazione tossica; amare con passione nonostante il male che abbiamo provato ed infine, riuscire a trovarsi davanti a una stanza colma di persone che ti odiano e sapergli dire che vuoi ascoltarle tutte, capirle, parlarci. Significa tornare a casa dei propri genitori per ripararne le relazioni e risparmiare soldi in nome di un grande obiettivo. Vuol dire saltare delle serate fuori con gli amici per meditare, scrivere sul proprio diario e passare del tempo con te stesso. Significa essere generosi, empatici e attivi anche quando sentiamo di non farcela. Ed infine, essere *non-incatenato* vuol dire restare integri moralmente anche quando non è conveniente.

Lasciate che vi accompagni in un viaggio attraverso un improbabile percorso, la cui destinazione è essere *liberi dalle proprie catene*. Nel gennaio 2018, mi trovavo al campo base del Kilimangiaro. La guida mi indicò il punto in cui si trovava la vetta. Guardai nel buio e pensai: *"In che cosa mi sono cacciato?"*.

La guida informò il nostro gruppo su ciò che stavamo per intraprendere: "Sono sei ore, tre miglia, un dislivello di 5.000 piedi e -32 gradi. Non chiedete quanta strada abbiamo fatto; non chiedete quanta ne dobbiamo fare; restate uniti e procedete un passo alla volta".

Erano le 11 di sera. Avevamo camminato per cinque giorni per raggiungere il campo base. La guida ci aveva spiegato che il monte Kilimanjaro era così ripido che se si fosse potuto vedere dove si stava andando, mentalmente sarebbe stato troppo difficile completarlo. Veniva quindi scalato di notte, in modo da non poter vedere dove si andava e non si poteva che procedere un passo alla volta.

Per spiegare come ero arrivato a questo punto, torniamo indietro a un anno prima, a gennaio 2017, quando ebbi la seguente conversazione con un life coach.

Coach: Qual è il tuo sogno più grande?

Io: Portare le persone in giro per il mondo con lo zaino in spalla e far loro da guida.

Coach: Dove li porteresti?

Io: Sul monte Kilimanjaro.

Coach: Da quanto tempo lo desideri?

Io: Da quando avevo otto anni.

Coach: Quando vorresti farlo?

Io: Oh, tra cinque o dieci anni.

Coach: (sorpreso) No, quando vuoi farlo davvero...?

Io: Beh, credo tra un anno.

Nel gennaio del 2017 ho dichiarato pubblicamente a una stanza di sconosciuti che nel gennaio del 2018 avrei fatto un'escursione sul monte Kilimanjaro, non sapendo né come l'avrei fatto né se sarebbe stato possibile farlo. Vedete, nel gennaio 2017 avevo un lavoro a tempo pieno che amavo, eppure qualcosa non andava. Non riuscivo a immaginare di prendermi tre settimane di ferie, figurarsi una vacanza. Avevo più di 30.000 dollari di debiti e la peggior forma fisica della mia vita.

Questo viaggio mi fece riflettere sulla vita, sulle relazioni, sull'amore, sull'imprenditorialità, sugli obiettivi e sui sogni. Se avessi saputo quanto impegno ci sarebbe voluto per arrivare a destinazione, avrei scelto di intraprendere il viaggio lo stesso?

Mi piacerebbe dire che è stato facile, che sono stato forte, sicuro e coraggioso per tutto il tempo. In realtà, mentre arrivavo a questa decisione, ho dovuto affrontare una collaborazione commerciale fallita e problemi di salute. Sulla montagna, per tre volte diverse, sono scoppiato in lacrime, volevo fermarmi, non sapevo se ce l'avrei fatta e stavo per arrendermi. Quell'arduo percorso mi ha ricordato il mio *coming out*, il mio primo cuore spezzato, la perdita del mio primo lavoro per bancarotta e una causa legale, i problemi di salute dei miei genitori, la sospensione accademica all'università e l'avvio di un'attività in proprio senza alcun guadagno per due anni.

Se ripenso alla mia scalata del monte Kilimanjaro e alle diverse parti della mia vita, ogni singolo passo è valso la pena; ogni singolo passo mi ha reso ciò che sono. Ogni singolo passo ha liberato le catene un po' di più.

Quando sono partito, un anno dopo, nel gennaio del 2018, avevo un lavoro in cui potevo fare ciò che amavo di più e prendermi delle ferie non era più un problema. Ho pagato l'intero viaggio in contanti, ed ero ancora nella peggior forma della mia vita!

Guardati le mani...

Quale storia raccontano le tue mani?

Quale percorso di vita ti mostrano?

Che cosa noti?

Stai vivendo la tua vita *senza catene*?

Signore e signori, troppe persone non iniziano per paura di fallire. Eppure, se non iniziate, non saprete mai di cosa siete capaci.

Potrebbero esserci molte cime sulla strada per la vostra vetta. Potreste trovarvi al campo base e non riuscire a vedere dove state andando. Abbiate fiducia nel fatto che dentro di voi c'è tutto ciò di cui avete bisogno. Meritate di lasciarlo uscire fuori e di vivere *unchained*.

Controllate la vostra mentalità, controllate l'impatto che potete avere. Lasciatevi inciampare e fate un passo alla volta.

Permettetemi di condividere con voi un'altra storia personale che illustra cosa significa essere *liberi da catene*.

Ero a una raccolta fondi per giocattoli quando ho iniziato a parlare del mio lavoro.

Una persona lì presente mi ha subito sputato addosso la seguente frase, con disgusto: "Dove siamo, a una riunione del personale?".

Per una frazione di secondo, mi sono arrabbiato. Un secondo dopo, ho riso. Poi, per un altro secondo, mi sono sentito in imbarazzo.

Dopo quell'evento, ho avuto i seguenti pensieri:

- Non sono abbastanza interessante.
- Non sono abbastanza buono per niente.
- Non so parlare di altro che di lavoro.
- Nessuno mi capisce e a nessuno importa di me

Facciamo un salto in avanti fino a un altro evento a cui ho partecipato, dove tutti erano lì per far brillare le loro vite e stavano trasformando i loro sogni in realtà, insieme. Abbiamo parlato per tre giorni di fila, dieci ore al giorno, delle nostre professioni, del lavoro... no, aspetta, del nostro scopo!

È stato incredibile essere circondati da una tribù di persone che erano ispirate e che si stavano impegnando per una vita piena di gioia, libertà e passione.

Quello che ho imparato da quell'esperienza è stato:

- Il mio lavoro è il mio scopo! E amo parlare di quel che faccio. Fa parte del mio essere. Non lo percepisco per niente come un lavoro.
- Non lascerò più che le mie convinzioni negative mi buttino giù o facciano pensare di "non essere abbastanza buono", "non essere abbastanza interessante" o che non possa condividere con gli altri ciò che mi appassiona.
- Non mi farò più carico di quello che credono le altre persone, che non possa vivere facendo ciò che amo.
- Non sceglierò più di credere che non posso guadagnare soldi facendo ciò che mi appassiona.

Questo fine settimana, uno speaker all'evento Life On Fire's Ignite ha condiviso una citazione:

"Non cambiare il tuo spettacolo, cambia il tuo pubblico".

— Eddie Garson

Questa citazione mi ha confermato che, nonostante le convinzioni altrui alla raccolta fondi, io ho uno scopo!

La mia visione è che tutte le persone si vedano come leader!

Mi impegno a costruire una tribù in cui ci sentiamo a nostro agio a parlare del nostro scopo e di ciò che amiamo in ogni momento. Mi impegno a costruire una tribù in cui ci celebriamo, ci sosteniamo e ci amiamo a vicenda! Spero che vi unirete a me in questa impresa di davvero gran valore.

Unattached:
non-attacato, senza legame, distaccato.

UN SEI PRONTO AD ESSERE UNATTACHED?

ACCETTARE TE STESSO

"Alla fine, sembra che il fallimento sia il nostro miglior strumento—è l'unico modo in cui impariamo davvero."

— Eric Whitacre

Ora che avete iniziato a porvi la domanda che inizierà a svelare e a condurvi verso la vostra grandezza personale, potete iniziare a fare una raccolta dei dati della vostra vita (chi siete stati in tutto questo tempo) e a determinare la verità su chi siete.

A volte (anzi, il più delle volte), non vi piacerà quello che scoprirete rivedendo chi siete stati in diversi momenti della vostra vita.

E adesso? Come si fa a conciliare chi si è stati con chi si vuole essere e con chi crediamo di essere? Come si fa a diventare quella persona, quella che nel profondo del cuore sappiamo essere pronta a prosperare, a parlare e a portare gli altri al successo?

Una cosa è dire: "Accettati e vai avanti". Un'altra è mettere in pratica questo pensiero.

Alcuni di noi (me compreso) imparano nel modo più difficile. La buona notizia è che sono uscito dall'altra parte e sono in missione per condividere ciò che ho imparato attraverso le mie esperienze, la ricerca e l'osservazione.

Nel 2009 ho compiuto trentatré anni. A quanto pare, a trentatré succedono grandi cose...

Per me, che sono cresciuto cattolico, significava che avevo ormai "l'età di Cristo", quando la sua storia si è conclusa. Anche se ci scherzavo sopra con leggerezza, nulla avrebbe potuto prepararmi alla rivelazione che avrei ricevuto quell'estate.

Ero al terzo anno come responsabile del dipartimento di musica di un liceo e reduce da un quasi successo dopo aver proposto a un'importante emittente televisiva una serie educativa multipiattaforma per bambini. Ci sono andato vicino o l'ho mancato di poco, in ogni caso non ottenemmo il via libera.

Mi sentivo sconfitto. Sentivo che il mio tempo come insegnante era limitato. Non è che non amassi i miei studenti, è solo che mi sentivo limitato dal sistema.

Quando ho ripensato alla mia vita e alla persona che ero stata, ho visto così tanti casi in cui ero una persona che realizzava, che faceva, che vinceva.

A quel punto, avevo già viaggiato molto, ero stato il primo del mio anno (*valedictorian*) per due, avevo ricevuto onorificenze e superato diversi corsi, lauree e diplomi, ero apparso sui giornali e avevo ottenuto diversi posti di lavoro ai primi colloqui... quindi, col senno di poi, il "no" della rete televisiva è stato difficile da accettare.

Posso dire con certezza che a trentatré anni stavo vivendo una crisi di vita.

So che potete capirmi. Le persone di alto livello fanno così tanto, eppure raramente ci fermiamo a lungo a festeggiare qualcosa.

Prendetevi un momento per celebrare i vostri premi e risultati. Riconoscete le cose che a voi sembrano *normali*, ma che in realtà sono straordinarie per chi non ottiene invece grandi risultati. Prendetevi del tempo per scriverle tutte:

____

____

____

____

____

____

____

____

____

____

DISTRAZIONI

La vostra vita grida tutto quello che avete realizzato, ma poiché non abbiamo molta dimestichezza con l'essere noi stessi, la vita ci presenta delle distrazioni. Anzi, le cerchiamo e le creiamo noi stessi.

All'inizio del 2009, mi era stato commissionato dalla Yellowknife Choral Society di arrangiare un pezzo per un concerto imminente. Quando terminai il pezzo, mi recai a Yellowknife (nell'Artico canadese) per lavorare con il coro.

Rimasi folgorato.

La settimana in un ambiente nuovo mi diede una nuova prospettiva sulla vita e su ciò che era possibile fare.

Permettetemi di dire che odio assolutamente il freddo! La temperatura media giornaliera in città era di -40 gradi. Ho persino trascorso alcuni giorni nell'Alto Artico, dove la temperatura diurna era inferiore a -67 gradi!

Quindi, il fatto che mi sia innamorato dell'Artico la dice lunga su quanto fosse seria la mia imminente distrazione (crisi).

Quando tornai a Toronto da questo breve viaggio, ero un ossessionato. Ogni pensiero era rivolto a ricominciare nella nuova città di cui mi ero innamorato. C'era anche l'opportunità di scrivere di più per la società corale e la scuola superiore locale (l'unica) stava per fare un colloquio per un nuovo insegnante di musica! Tutto era in perfetta sintonia.

Impacchettai tutte le mie cose e preparai la mia casa per affittarla per un anno. Il 1° luglio, giorno del Canada Day, la mia migliore amica Martha mi accompagnò all'aeroporto. Non dimenticherò mai le parole che mi disse quel giorno, mentre uscivamo da casa mia. "Davide, sai, non devi fare questo.... Dovresti semplicemente parlare con i tuoi genitori".

Niente avrebbe potuto convincermi a cambiare la mia decisione in quel momento.

I primi tre giorni a Yellowknife furono straordinari. Mi sentivo libero e leggero.

Il quarto giorno tutto cambiò. L'ho paragonato all'emozione di andare a un terzo appuntamento, dopo che i primi due sono stati spettacolari e, all'improvviso, è come se qualcuno avesse messo gli occhiali della realtà e tu ti trovassi in quel proverbiale momento "credo di aver commesso un errore".

Mi sentii uno stupido. Eppure, continuai la mia impresa. Avevo fatto la mia scelta e l'avrei fatta bene, anche se le cose andavano di male in peggio. L'ABC dell'imprenditorialità, giusto?

Ero, a tutti gli effetti, un senzatetto. Mi occupavo delle case di proprietari assenti che trovavo sulla bacheca del negozio di alimentari locale.

Fu allora che conobbi Toby il Pomerania. Mi venne affidato per dieci giorni. Ricordo ancora vividamente i proprietari di Toby che mi parlavano del loro piccoletto speciale e della sua ulcera (che quasi faceva venire a *me* un'ulcera).

Non andavamo d'accordo. Giorno dopo giorno, Toby mi faceva scherzi, mi chiudeva fuori casa e addirittura mi mordeva!

Alla fine, decisi di parlare con la mia nemesi canina. "Toby, non può continuare così; qualcosa deve cambiare! Domani mi sveglierò e ti amerò come non sei mai stato amato!".

La mattina dopo salutai Toby con un grande sorriso. Continuai a parlare e a dimostrare gentilezza e amore per tutto il giorno, a prescindere da tutto.

Toby rispose con amore. Alle 15.30 era accoccolato in grembo con il mio cane, Galileo. Toby mi stava anche ricoprendo di leccate.

In quel momento, appresi una delle più grandi lezioni di vita che abbia mai ricevuto. Mi colpì come un iceberg artico!

Il problema ero io! Non era che Toby fosse viziato o avesse un brutto carattere. In realtà, ero io. Quando iniziai a riesaminare la mia vita, mi resi conto che il problema di tutta la mia vita ero io!

Per un momento, mi sentii sconfitto. Solo per un momento, perché appena compresi di essere il problema, capii che potevo anche essere la soluzione! E ho festeggiato per questo!

Una ancor più grande realizzazione, che mi colpi come un secondo spesso, freddo e duro iceberg, fu che il vero problema era che non mi piacevo, non mi amavo e non mi accettavo....

Wow, questa faceva davvero male e, proprio per questo, sapevo che era assolutamente vera. Fino a quel momento avevo vissuto tutta la mia vita negando la mia vera identità. Soprattutto negli ultimi tredici anni, sapevo senza dubbio di essere gay, eppure non l'avevo mai accettato. Non l'avevo mai amesso veramente a me stesso e non avevo mai pensato che andasse bene.

Di conseguenza, tenevo tutti a distanza. Le mie relazioni con tutti i membri della mia vita, dalla famiglia agli amici, fino alle persone con cui uscivo, erano distaccate, distanti e per lo più inesistenti.

Cosa sarebbe diventato possibile per me se avessi cambiato il mio rapporto con me stesso, se avessi accettato veramente chi ero?

Era possibile che, accettando me stesso, sarei stato anche in grado di coltivare relazioni migliori?

Potevo avere un impatto positivo su chi mi circondava, proprio come avevo avuto, in meno di un giorno, un impatto positivo su Toby e sul modo in cui si relazionava con me?

Ne avevo la prova e i risultati mi stupirono e mi fecero uscire dalla depressione.

Nelle settimane successive continuai il processo di una più profonda accettazione di me. Più volte durante la giornata, mi guardavo allo specchio e mi presentavo al nuovo me stesso. Mi fissavo negli occhi e ripetevo in continuazione: "Davide, ti apprezzo! Ti ringrazio! Ti voglio bene! Sei un miracolo!".

E così, il mio viaggio verso l'Artico è stato in realtà un viaggio di accettazione. Allontanandomi dal mio ambiente abituale, senza un vero e proprio piano B, ho messo a nudo le mie debolezze.

Non vi suggerisco di alzarvi e trasferire la vostra vita in un altro luogo solo per determinare se vi accettate o meno. Tuttavia, vi incoraggio a considerare con brutale obiettività il livello di accettazione di voi stessi - di tutti voi - perché ho imparato che l'accettazione di sé gioca un fattore importante nel modo in cui il resto del mondo (persino i vostri animali domestici!) vi vede e interagisce con voi.

Sii onesto con te stesso: quali aspetti di te non accetti pienamente? Potrebbe trattarsi di qualcosa di fisico, di un aspetto del tuo temperamento o anche di alcune tue abitudini. Elenca questi aspetti qui di seguito:

____

____

____

____

____

____

____

Per ognuna delle cose che hai elencato qui sopra, scrivi una frase, un'affermazione, di accettazione e rinforzo positive che reciterai ogni mattino e ogni sera davanti allo specchio.

____

Cosa ti diventerebbe possible fare, una volta che avrai accettato e celebrato pienamente tutto il tuo essere?

Che cosa stai celebrando in questo momento?

UNLOVED

DI RE PEREZ

Re Perez è consulente di brand, portavoce, fondatore e CEO di BRANDING FOR THE PEOPLE.

Una definizione online di "unloved" è "non amato o senza affetto: sentirsi trascurato e non amato". Detto questo, la vera portata della parola viene dalla parola amore e dal rapporto che si ha con l'amore. L'amore si riferisce a un caldo sentimento di affetto o a un affetto profondo. In genere, il rapporto con l'amore si riferisce all'amore che si riceve da qualcun altro (in altre parole, è una cosa esterna). Personalmente, ho un approccio più spirituale. Per me l'amore è uno stato d'animo in cui una persona si sente nutrita, appagata e completamente integra. E, per essere chiari, questo stato d'animo può provenire dall'interno e non dipende da un'altra persona. L'amore non ha nulla a che fare con il sesso e nemmeno con l'intimità.

Pertanto, sentirsi *non amati* è uno stato d'animo in cui non ci si sente nutriti, appagati o pienamente integri.

Quando sono nato, si era diffusa una falsa maldicenza secondo la quale mia madre avesse tradito mio padre e io ne fossi il frutto. Per molto tempo, quindi, mio padre non credeva che fossi suo figlio. Inconsciamente, questa situazione l'avevo registrata come "non sono amato da mio padre". L'amore era messo in discussione. Pertanto, non mi sentivo nutrito, appagato o integro in quella che a tutti gli effetti era una delle mie prime relazioni più importanti. Crescendo, questa sensazione di non essere amato è stata direttamente proporzionale al rapporto con mio padre. Tuttavia, con lo sviluppo personale e il lavoro interiore, ho imparato che l'amore viene dall'interno (amore per se stessi) ed è più potente quando si riesce a generare il proprio senso di amore piuttosto che affidarsi all'amore di qualcun altro.

Essere unapologetic nel contesto di *non essere amato*, significa che io non ho paura (né mi interessa) se qualcuno non mi ama. Proprio fino a un livello molecolare, non mi interessa se non piaccio a qualcuno. Non è che io desideri essere odiato o non amato, è che cercare l'amore di qualcun altro non fa parte della mia vita, è fuori dal mio contesto. Non lo è nemmeno per i miei affari o per le mie relazioni personali.

Semmai, ogni volta che qualcuno non mi ama - o che ho la sensazione di non essere amato da una persona - diventa per me una motivazione per eccellere ancora di più. Dimostro così che il mio amor proprio, la mia grinta, il mio carattere, la mia saggezza e i miei talenti sostituiscono la mancanza di amore di qualcun altro nei miei confronti. Quindi, non essere apologetico nei riguardi del *non essere amato* è una forza che mi spinge a diventare la persona migliore che io possa mai essere.

Da quanto ho appena detto, potete probabilmente estrapolare che se vi sentite non amati, è colpa vostra. Avete il controllo sul fatto di amare o non amare voi stessi, di prendervi cura o meno di voi stessi e di essere in armonia o meno con il vostro scopo o missione di vita personale.

Se vi sentite *non amati*, come potete risolvere la situazione? Per prima cosa, identificate tutte le vostre ragioni, i vostri sistemi di credenze e le conversazioni che avete con voi stessi sul perché non vi amate. Trasformate queste conversazioni in una affermazione molto semplice: Io sono l'amore.

Ripetete questo processo ogni volta che vi sentite *non amati*. Ripetetelo tutte le volte che è necessario. Arrivate a crederci e presto noterete un cambiamento sia in voi stessi che nel modo in cui gli altri vi rispondono. Quando arriverete ad amare voi stessi, scoprirete che tutto è possibile.

Unafraid:
non-spaventato, impavido, senza timori.

UN SEI PRONTO AD ESSERE UNAFRAID?

4 AGIRE CORAGGIOSAMENTE

Fino a quando non sei pronto ad apparire come uno sciocco, non avrai mai la possibilità di essere grandioso."

— Cher

Il viaggio per l'accettazione incondizionata di se stessi (buono, cattivo o brutto) porta molte persone a vivere rinchiuse in sé e bloccate, restando semplicemente in attesa ai margini—delle ali del grande palco della vita.

Forse, la parte più dolorosa, coome ho avuto modo di scoprire, è che spesso siamo *noi* il problema. Durante la mia esperienza nell'Artico, ho realizzato di avere una scelta, e nonostante abbia dovuto rinunciare al mio bisogno di sentirmi nel giusto, penso concorderete anche voi che la libertà sia superiore all'avere ragione, in ogni tipo di scenario possibile.

Ora che avete fatto la scelta di sperimentare la vostra libertà personale accettando il vostro io, potete iniziare a tagliare via i pensieri e le credenze che hanno governato la vostra vita fino ad ora, tenendovi piccoli rispetto alla vostra grandezza. Alcune persone vi avranno fatto credere che affrontare la vita, che sia negli affari, in amore, nel parlare in pubblico o nel guidare una multinazionale, richieda un enorme coraggio. Invece, ho scoperto che scegliere semplicemente di essere coraggiosi non è una strada verso il successo sicuro.

Nel mio stesso percorso di trasformazione, sono arrivato a scoopire che la vera grandezza e il successo (insieme alla libertà) richiedono quel che la maggior parte delle persone considererebbe il vero e proprio opposto del coraggio: la vulnerabilità.

E se agire coraggiosamente in realtà richiedesse di essere prima vulnerabili, prima ancora del processo di "essere coraggiosi"?

Agire coraggiosamente senza essere vulnerabili, può avere davvero degli effetti negativi?

SCAPPARE DA TE STESSO

Sono stato bullizzato, da bimbo, da adolescente e persino da adulto.

Avete presente quando da ragazzini ci viene quella idea grandiosa che siamo assolutamente sicuri possa risolvere ogni nostro problema? Ecco, ebbi un grande momento da "Eureka" a 14 anni, ed ero certo che avrebbe cambiato radicalmente il corso della mi intera vita.

Nella mia scuola, la "Our Lady of Victory", una volta arrivato all'ottavo anno avevo una grande decisione da prendere. Non dimenticherò mai il giorno in cui la professoressa Tucker mi consegnò i cataloghi da cui avrei dovuto scegliere la scuola superiore presso cui avrei fatto domanda. Aveva atteso con così tanta trepidazione questo momento, e finalmente era arrivato!

Per me, era un'opportunità per liberarmi di miei bulli e da tutto ciò che aveva inficiato i miei 10 anni di istruzione fino ad allora. Frocio, fatina, checca, ricchione, fighetta—questi sono solo alcuni degli appellativi che mi toccava sentire diverse volte ogni giorno. Era dura, ma sapevo che presto mi sarei lasciato tutto alle spalle.

Mentre la maggior parte degli studenti veniva incoraggiata a scegliere una scuola all'interno del distretto scolastico (scegliere = obbligati, dato che la verità era che il consiglio scolastico non voleva davvero permettere agli studenti di spostarsi al di fuori dei loro distretti), io avevo una sola scelta—una scuola per cui avrei dovuto prendere la metro *e* un autobus per raggiungerla. Si trattava di una scuola che avevo visitato durante una delle fiere scientifiche a cui avevo partecipato (ero più che il migliore quando si trattava di scienze, ma questa è un'altra storia).

La "Scuola Secondaria Cattolica Vescovo Francis Marrocco/Thomas Merton" (affettuosamente chiamata "M e M") era enorme! Era strutturata su quattro piani, comprensiva di due palestre, una serra, un cortile, uno splendido spazio per il teatro, due grandi aule di musica e persino una piscina.

La parte migliore: solo sette dei miei amici più intimi avevano fatto domanda, il che significava che mi sarei davvero lasciato i bulli alle spalle.

Scoprii però che essere accettati da questa scuola non era un processo facile e, francamente, non sono nemmeno sicuro che io o uno dei miei amici siamo stati ufficialmente accettati. Quando arrivammo il primo giorno, nessuno di noi risultava sui registri. Lo stesso accadde il secondo giorno, poi il terzo, il quinto, il decimo...Ci vollero più di due settimane prima che finalmente i nostri nomi saltassero fuori. Penso che l'amministrazione della scuola avesse semplicemente capito che non ce ne saremmo mai andati e abbia quindi deciso di aggiungerci agli iscritti.

Il primo mese di scuola fu grandioso. Colsi anche l'opportunità di unirmi ad una gita, quando la mia insegnante di inglese annunciò che c'erano alcuni posti liberi per il viaggio a Stratford, Ontario, per vedere una rappresentazione teatrale di Shakespeare. Il viaggio era per i Senior (tredicesima classe), ma non mi lasciai fermare da questo.

Poco dopo essere tornato dalla gita, ricordo che ero al mio armadietto quando sentì una coppia di studenti dire, passandomi accanto. "È lui il frocio di cui mi parlavi?".

Se avessi potuto infilarmi nell'armadietto, ci sarei strisiciato dentro volentieri e ci sarei rimasto.

Nel corso di poche settimane, mi divenne chiaro che il mio atto di coraggio di spostarmi in una nuova scuola senza i miei vecchi compagni, non aveva risolto i miei problemi.

Ero distrutto, col cuore spezzato e molto confuso. Nessuno di quei ragazzi mi conosceva, quindi come facevano a sapere il segreto che mi ero lasciato indietro?

Le cose andarono di male in peggio. Immagino di non poter biasimare alcuni dei miei vecchi amici per non volersi far associare a me. Essere un adolescente è già abbastanza difficile senza dover anche essere bersaglio dei bulli.

Tuttavia, non ero assolutamente preparato quando un amico incoraggiò alcuni bulli che mi avevano preso di mira sull'autobus.

Quasi ogni giorno, mentre tornavo a casa, un gruppo di ragazzi sull'autobus mi provocava. Anche la mia unica amica si schierava con loro perché le piaceva uno dei ragazzi. Dal fondo dell'autobus mi gridava: "Cosa c'è che non va, Davide? Hai paura?".

Paura? Ero terrorizzato, convinto che quei ragazzi mi avrebbero picchiato o peggio. Cominciai anche a scendere a fermate diverse per evitare che scoprissero dove abitavo.

Che cosa ho fatto, allora? Cercai di agire con coraggio. Gli altri amici mi consigliarono di "ignorarli" e di essere sicuro di me. Tuttavia, posso assicurarvi che questa tattica non funziona. Giorno dopo giorno, la mia fiducia in me stesso si erodeva e diminuiva. Presto iniziai a sentirmi molto solo e pensieri oscuri cominciarono a dominarmi.

Per oltre due anni ho sofferto per aver agito con coraggio. Semplicemente, non sapevo cos'altro fare

LA VITA TI LANCERÀ UN'ANCORA DI SALVEZZA

Fortunatamente, durante l'undicesima classe arrivò il musical del liceo. La mia partecipazione a questa esperienza liceale per eccellenza mi avrebbe salvato la vita, letteralmente.

Alcuni potrebbero pensare che, per partecipare a un musical liceale, soprattutto se si è ragazzi, bisogna avere coraggio. Mi permetto di dissentire. Il coraggio, infatti, deriva dalla volontà di condividere apertamente se stessi. Come ha detto Cher, bisogna essere disposti a "sembrare sciocchi".

Poiché nient'altro che stavo facendo mi rendeva felice (o popolare), mi arresi al processo e ai registi. Svolgere il ruolo di direttore musicale e interprete fu decisamente impegnativo, ma molto divertente! A ogni prova, la mia fiducia cresceva, fino a quando arrivò il giorno del costume.

La visione dei registi per il mio personaggio era quella di un direttore musicale con una personalità un po' fuori dagli schemi, come quella di un artista maniacale, a cui capitava di dimenticare di mettersi i pantaloni.

Niente di grave. Venni posizionato in alto a sinistra in un angolo, seduto dietro il mio pianoforte, tranne nella scena in cui dovevo arrampicarmi sull'impalcatura per pronunciare una battuta. Sì, sarei stato senza pantaloni davanti all'intero corpo studentesco e alla comunità.

Non so esattamente cosa mi abbia preso, ma ho pensato che se dovevo farlo, avrei dovuto fare il massimo (un argomento che approfondirò in un prossimo capitolo), così presi il paio di boxer più luccicanti che potessi trovare. Erano di raso nero con dei cuori. Trovai anche un papillon da abbinare!

Vulnerabile era un eufemismo! E poi, lo feci e i risultati furono, per me, scioccanti.

Quella era la prima situazione reale al liceo in cui mi presentavo come me stesso, e il pubblico lo adorò!

Forse stavo finalmente capendo qualcosa. Iniziai a concedermi di essere più vulnerabile durante le lezioni o quando giravo per la scuola. Diventai più audace durante le lezioni di teatro. Ricordo uno spettacolo in cui il mio gruppo, guidato da un amico che si credeva un acclamato impresario e visionario delle arti teatrali (ehm...), mi disse che avrei commesso un suicidio sociale se avessi portato avanti la mia idea di indossare un sacco della spazzatura durante una breve rappresentazione che avevamo messo insieme. In particolare, mi mise in guardia dallo strappare il sacchetto durante la scena finale, nel momento in cui la mia battuta riguardava il tagliare il rumore e rimuovere degli strati.... Tuttavia, per me aveva perfettamente senso.

Il mio amico era talmente inorridito che il giorno della rappresentazione non agì né con coraggio né con vulnerabilità, ma scelse di rimanere a casa. Io, invece, mi presentai con il sacco della spazzatura e, alla fine dello sketch, lo strappai lentamente. Non dimenticherò mai di aver pensato che quel momento mi avrebbe o fatto realizzare o...distrutto.

Ricordo di aver fissato direttamente negli occhi il centinaio di studenti che affollavano la sala per assistere all'esibizione. Ero determinato, mi sarei esibito con la mia visione.

Ebbene, funzionò. Diventai ancor più rispettato per la vulnerabilità che avevo mostrato sul palco e per il coraggio che avuto nell'eseguire la mia visione in modo così creativo.

VULNERABILE CORAGGIO

La vulnerabilità mi ha aiutato durante tutta la mia vita. In effetti, è stato solo quando l'ho abbandonata che mi sono ritrovato ad essere miserabile.

Prendiamo, ad esempio, la "Spedizione Artica". Diretto verso quella transizione, mi lasciavo semplicemente portare dai movimenti (senza alcuna emozione). Mi ero convinto ad agire con coraggio, a prescindere dalla situazione. Non ne parlai veramente con qualcuno, né condivisi come mi ero sentito realmente-perso, insicuro della mia carriera e anche molto solo. Nemmeno in quegli ultimi attimi prima di partire mi sono aperto con la mia migliore amica, nonostante i suoi tentativi di aprire uno spiraglio per la conversazione che avevo bisogno di avere.

Vedete, Martha mi conosceva da sempre, e anche oggi, è la mia amica più intima e la mia amicizia più longeva.

Le parole che mi disse prima di portarmi all'aeroporto, "Davide, sai, non devi farlo per forza...dovresti semplicemente parlare con i tuoi genitori" mi avrebbero perseguitato fino a Yellowknife.

Si stava riferendo al fatto che, a trentatré anni, non avevo ancora fatto il mio coming-out coi miei genitori.

Era una di quelle cose. Molti di noi hanno quel *qualcosa* che non vogliamo condividere con i nostri genitori. Per me, quella era il grande (gigantesco) elefante nella stanza. Anche se all'epoca non lo sapevo ancora, l'intuizione di Martha era azzeccata.

Quando ebbi il mio momento rivelatorio, ovvero che io ero il problema *e anche* la soluzione a tutti i problemi della mia vita, iniziai immediatamente ad agire per diventare la soluzione. Un modo per farlo era essere incredibilmente vulnerabile, con *tutti*.

Cominciai a chiamare i miei amici per fare coming-out con loro-probabilmente per esercitarmi, dato che sapevo di dovermici abituare prima di rivelarlo anche ai miei genitori.

Uno dopo l'altro, mandai messaggi su Facebook o telefonai a ogni persona che sentivo vicina e glielo dicevo.

Senza margine di dubbio, ogni singola persona rispondeva dicendo: "Davide, lo so...".

Per la cronaca: ovviamente, sapevo che lo sapevate già tutti, ma avevo finalmente preso il coraggio di condividerlo. Se vi trovaste mai nella situazione in cui una persona cara decide di fare coming-out con voi e già ne siete al corrente, fategli (e fatemi) un favore, rispondete semplicemente: "Ti voglio bene". Credetemi, l'ultima cosa di cui avevo bisogno mentre strappavo quel cerotto di vulnerabilità era scoprire di essere stato l'ultimo a sapere che fossi gay.

In ogni caso, ecco qui, ancora una volta, che la vulnerabilità mi ha aiutato e a provveduto a me con tantissime benedizioni. E il bello è questo: essere vulnerabili è un atto di grande coraggio. È di gran lunga l'esperienza più trasformativa che abbia mai fatto. Ancora oggi, i momenti in cui sono aperto e vulnerabile sono quelli che mi donano le trasformazioni e rivelazioni più grandi.

LA VULNERABILITÀ È UN'AREA DI CRESCITA

Il vostro vantaggio crescente risiede nella vostra capacità di essere vulnerabili. Sebbene alcuni possano sostenere che i grandi leader non mostrino debolezze, io sostengo invece che essi mostrano la loro umanità. A volte, questa umanità si manifesta nelle storie che condividono o nei momenti in cui si prendono in giro. Non deve essere sempre un gesto eclatante.

Essere vulnerabili apre alla possibilità di ricevere. Sei pronto e disposto a ricevere?

In quale ambito della tua vita puoi essere più vulnerabile o mostrare più vulnerabilità?

____

____

____

Con chi puoi essere più vulnerabile?

____

____

____

In che modo sarai più vulnerabile?

____

____

____

Cosa pensi diventerà possibile come diretto risultato del tuo essere più vulnerabile?

____

____

____

Entro quando intendi esercitare questa vulnerabilità?

____

____

____

SOTTO I RIFLETTORI: UNAPOLOGETIC INFLUENCER

UNAFRAID

DI NIRAJ MENDIS

Niraj Mendis è uno speaker, autore e life-coach.

Per me, essere *unafraid* -non spaventato- significa operare da uno spazio di amore per se stessi e intraprendere azioni massicce, indipendentemente da ciò che gli altri pensano delle vostre decisioni. Significa andare continuamente avanti senza timore o ansia, consci che l'universo è lì per sostenere le vostre decisioni. Significa anche capire che ogni ostacolo o senso di paura che si presenta è un'opportunità per imparare, crescere ed espandersi.

Sono cresciuto durante la guerra civile in Sri Lanka, ma non ho mai sospettato che la mia paura e la mia ansia non fossero il risultato di quella guerra esterna; invece, era una guerra civile interna che stavo combattendo. Tutti noi siamo in uno stato di guerra civile con il nostro critico interiore, quella voce che dice: "Non puoi farcela. Non sei abbastanza bravo. Sei un perdente".

Essere unapologetic significa mettere a tacere il proprio critico interiore, amarsi incondizionatamente e condurre una vita trasparente. Oggi non ho paura di dire la mia verità o di ispirare gli altri a mostrarsi autentici, in modo che possano creare legami da cuore a cuore e vivere in un mondo pacifico.

La paura è un costrutto artificiale che abbiamo creato. Ha una scatola immaginaria intorno a sé. Le pareti della scatola fungono da paraurti che ci impediscono di seguire i nostri sogni e di vivere vite significative.

Una volta liberati dalle catene della paura, ci si rende conto di avere un potenziale infinito. Quando ci si concentra su ciò che si vuole veramente realizzare, il sostegno e le risorse si manifestano da sé.

Per imparare a vivere senza paura, dovete prima essere la versione migliore di voi e avere una conversazione aperta e concreta con il vostro critico interiore per risolvere la guerra civile interna. Noterete che una volta che avrete trovato la pace dentro di voi, il vostro ambiente diventerà pacifico e vivrete una vita equilibrata.

Essere *non spaventati* significa vivere nell'amore per se stessi. Per anni ho odiato me stesso al punto da autosabotarmi e non essere in grado di realizzare il mio pieno potenziale. Amare se stessi e vivere nella propria verità vi permetterà di avere la fiducia e la mentalità positiva necessarie per alimentare i vostri desideri, le vostre visioni e i vostri sogni.

In parte ho imparato *essere senza paura* partecipando a un corso di formazione in cui a tutti i partecipanti è stato chiesto di fare bungee jumping da una scogliera. Prima di quel salto, avevamo fatto molti esercizi per aumentare la nostra fiducia e per esercitarci a prendere decisioni in modo deciso. Mentre camminavo sulla rampa a migliaia di metri da terra, il vento mi soffiava in faccia, ma non avevo paura di saltare. Sapevo che qualsiasi paura mi fosse passata per la testa, sarebbe stata immaginaria, perché in quel momento avevo fiducia nel fatto che l'universo mi avrebbe sostenuto nella mia decisione di saltare. Tutti gli esercizi fatti fino ad allora erano stati una preparazione per questo momento. Dovevo solo avere fede che la corda mi avrebbe sostenuto e che le persone che si occupavano di me erano addestrate a fare il loro lavoro. Mentre saltavo, un senso di pace mi pervase e subito dopo, l'adrenalina mi entrò in circolo nelle vene. Fu un momento indescrivibile.

Questa opportunità di non avere paura non venne facilmente.

Avevo avuto paura per la maggior parte della mia vita. Solo nell'ultimo decennio sono riuscito a superare la paura della guerra e di ciò che gli altri avrebbero pensato di me se avessi seguito il mio cuore.

Il punto di svolta fu il mio trentesimo compleanno. A quel punto, avevo fatto tutte le cose che la famiglia, la cultura e la società dicevano di fare per raggiungere la felicità: laurearmi, trovare un buon lavoro, comprare una casa, avere una relazione e così via. Tuttavia, non ero ancora soddisfatto della mia vita. Mancava l'amore per me stesso, bevevo, fumavo e mi impegnavo troppo nel tentativo di salire la scala aziendale. Grazie allo yoga e alla meditazione, sono riuscito ad entrare in contatto con me stesso e a disintossicare il mio corpo e la mia mente. L'amore per me stesso e trattare il mio corpo e la mia mente come un tempio mi hanno spinto a non avere paura.

Questo cambiamento mi ha permesso di vibrare a un livello diverso e di attrarre nella mia vita tutto ciò che desidero. Sono in grado di manifestare cose che prima non ero in grado di fare. Quando sapete che le vostre intenzioni sono chiare e non provate alcun male nei confronti di nessun altro, allora potete manifestare tutto ciò che desiderate.

Se vivete nella paura, potreste riuscire a cavarvela, ma non sarete in grado di vivere il vostro potenziale più alto, perché l'amore per se stessi è la piena espressione del *non avere paura.* Senza amore per se stessi, non si può amare l'altro e la paura è un costrutto artificiale creato in base a determinate situazioni e circostanze.

Se oggi avessi ancora paura, mi autosaboterei e non riuscirei ad amare gli altri come li amo ora. Giocherei in piccolo e non avrei raggiunto il successo finanziario né realizzato la pace interiore.

Un mondo migliore attende tutti noi quando scegliamo di vivere senza paura. Vi invito a fare il salto. Il mondo vi prenderà in braccio, ve lo prometto.

Unburdened:
essere senza fardello, libero da un peso, leggero.

UN SEI PRONTO AD ESSERE UNBURDENED?

LASCIARE ANDARE

"Quale rischio è maggiore? Lasciare andare quello che pensa la gente—o lasciare quel che io provo, ciò in cui credo e chi sono?"

— Brené Brown

Avete identificato gli episodi della vostra vita che vi hanno causato dolore e disagio. Attraverso il Diario di Straordinarie Storie Quotidiane vi ho incoraggiato a portare alla luce questi episodi e a scoprire chi siete veramente. Guardando chi siete e decidendo di accettare voi stessi come siete oggi, come un miracolo (interi, completi e fiduciosi), potete iniziare a rompere gli strati della vita che vi hanno chiesto di essere e agire in un modo che ignora la vostra naturale bussola emotiva.

Nell'ultimo capitolo vi ho invitati a diventare vulnerabili con voi stessi e con chi vi circonda. Secondo la mia esperienza e osservazione, la vulnerabilità è l'atto umano più coraggioso.

Nell'esporre la vulnerabilità, scoprirete anche episodi e storie di vita che vi metteranno alla prova. La sfida sarà quella di non indurire la vostra corazza o di chiudervi in voi stessi, ma di agire con coraggio. Ora sapete però che il vero coraggio non consiste nell'ignorare la realtà (e che richiede vulnerabilità).

In questo capitolo vi invito a esplorare aspetti della vostra vita e della vostra storia che vi mettono alla prova. Cosa vi serve per lasciare andare il passato in modo da poter vivere pienamente nel presente e, così facendo, pienamente nel vostro scopo (che è possibile *solo* nel presente).

Ho identificato tre aree principali in cui potete praticare ed esercitare il muscolo del "lasciar andare":

1. **Lavoro o fattori esterni:** Questi causano il rischio di essere interiorizzati, quindi dovete lasciarli andare prima che lo facciano.
2. **Famiglia:** Contiene in sé già le sue sfide e sicuramente richiede un'attenzione speciale per poter creare un *muscolo della memoria* che supporti il vostro apprendere a *lasciar andare*.
3. **Credenze o fattori interni:** Decisamente le cose più complesse da *lasciar andare.*

Vediamo come puoi esercitarti in ciascuna di queste aree.

LASCIARE ANDARE NEL LAVORO

La vita quotidiana, e in particolare il lavoro, crea situazioni, incidenti e scenari che ti mettono alla prova. Sono sfide esterne che spesso finiscono per essere completamente interiorizzate, rovinando la giornata e, in alcuni casi, minacciando di rovinare la vita.

Nel 2010, pensavo che sarebbe stata una grande idea entrare nel settore degli studi di yoga. Non fu così. Nonostante le migliaia di bandiere rosse che si sono susseguite durante il processo, sono un uomo di parola, quindi quando mi propongo qualcosa, la porto avanti fino alla fine. In questo caso, è diventata quasi la mia stessa fine.

Per darvi la versione sintetizzata alla *Reader's Digest*, mi ero innamorato della pratica dello yoga, e lo studio in cui praticavo stava cercando di aprire la sua prima sede in franchising. Mi piace essere un'apripista, quindi non ho perso tempo a esprimere il mio interesse per questa opportunità.

Più o meno nello stesso periodo, la mia amica e socia d'affari nella mia impresa di produzione teatrale di successo ha avuto un bambino, il suo primo figlio. All'arrivo del bambino, le feci visita e le confidai il mio desiderio di entrare nel mondo dello yoga. Durante quella conversazione stava letteralmente allattando il suo bambino.

Alcuni momenti della vita sono inspiegabili. Questo è diventato uno di quelli. Senza perdere tempo e mentre era seduta sul divano, con il bambino avvolto e in allattamento, mi disse: "Ci sto!".

Dato che avevamo una lunga storia insieme, non mi sono nemmeno posto il problema che non avesse le finanze necessarie, che non avesse lo stesso amore per il tipo specifico di yoga che lo studio avrebbe insegnato o che fosse una neo-mamma. Nessuno di questi pensieri mi scoraggiò.

Nel settembre 2010, lo studio divenne una realtà. Avevamo scelto un bellissimo edificio in mattoni rossi, con soffitti di 14 metri e finestre da parete a parete. L'avevamo arredato con pavimenti in acero canadese, pannelli riscaldati sul soffitto, docce, un paio di uffici (in modo da poter gestire anche la nostra attività teatrale e affittare lo spazio a massaggiatori e operatori del benessere) e persino un bancone per la reception fatto con assi di fienili recuperate. Ho già detto che lo studio si trovava nel centro di Toronto? In altre parole, si trattava di un'impresa molto costosa. Solo l'affitto dello spazio era di 10.000 dollari al mese.

Non ci volle molto per scoprire che per coprire l'affitto mensile sarebbero state necessarie molte lezioni di yoga! Allo stesso tempo, mi capitò di parlare con alcuni proprietari di altri studi di yoga che stavano festeggiando il fatto che, al terzo anno di attività e dopo aver investito 3.000.000 di dollari, erano finalmente in pareggio (inserire qui un infarto del miocardio).

A peggiorare le cose, abbiamo aperto il nostro studio durante l'apice di quella che mi piace chiamare l'era di Groupon, e ci siamo iscritti con grande entusiasmo. In altre parole, avevamo venduto oltre mille voucher che offrivano agli acquirenti ventuno lezioni a 20 dollari (due offerte a persona).

È stata certamente una campagna di successo. Ma per chi?

Dopo l'entrata in vigore dell'accordo, un'interazione tipica con il front desk dello studio si svolgeva in questo modo:

Io: Benvenuto! È bello rivederti!

Cliente: Salve, ho appena usato l'ultima lezione del mio pass. Farete presto un'altra offerta?

Io: Ci è piaciuto molto vederti nel nostro studio. Questa era la nostra offerta "Benvenuto". Abbiamo pacchetti che si adattano a qualsiasi budget, dalle lezioni singole ai corsi, così come abbonamenti mensili e annuali.

Cliente: Ah... sì, va bene. Lo studio in fondo alla strada sta facendo un'offerta in questo momento. Penso che tornerò quando farete la prossima offerta.

Io: [Senza parole]

Rimasi sbalordito dal fatto che la gente pensasse davvero che uno studio potesse funzionare facendo yoga a 17 centesimi a lezione. In realtà, ci rendemmo conto che stavamo perdendo soldi con ogni singola lezione che facevamo e che era pieno di partecipanti venuti tramite le offerte.

Fu una dura lezione da accettare.

Come potete immaginare, le cose andarono di male in peggio. Nel febbraio 2011 smisi di mangiare (non potevo permettermelo). A maggio ero praticamente in bancarotta e la mia socia nello studio mi aveva invitato gentilmente a non tornare perché avrebbe trovato un altro socio più impegnato nel progetto. A settembre lo studio andò in bancarotta.

Non sto condividendo questa storia per rendere pubblici i dettagli, puntare il dito, dare ragione a me stesso o dare torto a qualcun altro. Ho dipinto il quadro per farvi capire che questa situazione ha creato molto risentimento (da parte di molti).

Quando alla fine dichiarai il fallimento dell'azienda, dopo aver perso oltre 100.000 dollari di risparmi, essermi indebitato pesantemente, aver perso i soldi degli investitori, l'amicizia con il mio partner commerciale di lunga data, la fiducia in me stesso e quasi la mia stessa vita, non è stato facile *lasciar andare.*

Ero arrabbiato.

Ero giustificato.

Ero ferito.

C'erano cose che la mia socia d'affari aveva e non aveva fatto che mi avevano ferito.... Cose che i franchiser avevano e non avevano fatto.... Era davvero una lista di cose per cui potevo fare la vittima, ma sapevo che questo non mi avrebbe mai permesso di essere libero.

La situazione era un vero inferno.

Alla fine, tutto si ridusse a una scelta. Potevo scegliere di avere ragione, di essere arrabbiato, ferito e perennemente vittima, oppure potevo scegliere la libertà (che non mi sarebbe stata concessa se avessi scelto la prima opzione, perché avrei portato per sempre con me tutti quei sentimenti negativi).

Così, scelsi la libertà. Non fu semplice. Dovevo costantemente (ogni ora) ricordare a me stesso che stavo scegliendo la libertà rispetto alle ferite passate, agli errori, alle cose che *mi erano state fatte o* a qualsiasi cosa avessi creato nella mia mente. E anche per le cose in cui ero assolutamente *certo di essere nel giusto*, ho lasciato andare il mio bisogno di avere ragione rispetto al mio desiderio di vivere libero dallo stress e dal peso del passato.

Dove nella tua vita lavorativa puoi scegliere tra avere ragione e la libertà?

____

____

____

____

____

____

____

____

Scegliendo la libertà, cosa ti diventerebbe possibile fare?

___

___

___

Cosa potresti celebrare proprio ora? (Un momento "a-ah!", una realizzazione o anche semplicemente una situazione corrente)

___

___

___

LASCIARE ANDARE CON LA FAMIGLIA

Mentre la famiglia è essenzialmente una forza esterna, lasciar andare i drammi familiari è sicuramente una pratica intermedia o avanzata, ed è per questo che le ho dedicato una sezione a parte.

Si può dire che, se si parla di famiglia, la mia è arrivata con un sacco di legami culturali e storici.

I miei genitori, italiani immigrati, hanno portato con sé in Canada molte idee e aspettative del *Vecchio Mondo* su ciò che i loro due figli dovevano e non dovevano essere o fare.

Prima ho raccontato che l'infermiera della sala parto fu felicissima di annunciare che, secondo lei, avevo le mani di un pianista. Niente avrebbe potuto lasciare più perplessi i miei genitori. Nella loro mente c'erano tre opzioni: medico, avvocato e contabile.

Mio fratello maggiore aveva seguito la strada del commercialista. I miei genitori dedussero che non ero abbastanza intelligente (o avevano paura di impegnare me o loro stessi nella quantità di studi richiesti) per diventare medico, quindi il mio destino (secondo loro) era di diventare avvocato.

Potete immaginare il loro orrore quando, durante l'ultimo anno, tornai a casa e annunciai che mi sarei dedicato alla musica. Sono quasi certo che mio padre andò a rompere qualcosa e mia madre iniziò a pregare pesantemente sottovoce (oh, sì, sono stato cresciuto in una famiglia Cattolica).

E quando invece avevo deciso di fare una deviazione verso il settore dei viaggi? Ho lavorato per il Club Med, per gli hotel, per i resort, in aeroporto, come agente di viaggio e sono persino diventato assistente di volo.

Ero così terrorizzato all'idea di dire ai miei genitori che ero stato ammesso al corso per assistenti di volo, che decisi di non dirglielo. Invece, gli raccontai che stavo facendo un corso di formazione in un'altra città per il mio lavoro di agente di viaggio... per cinque settimane. Alla fine, chiamai mio padre per dirglielo sul ponte prima di imbarcarmi sul mio primo volo di lavoro, che era diretto a Parigi, in Francia. Sorprendentemente, la prese piuttosto bene. Sono sicuro che fosse felice di sapere che, quantomeno, non ero scappato con il circo.

E che dire di quando ho annunciato che avrei comprato una casa tutta mia? Secondo i miei genitori, nessun figlio di immigrati che non sia sposato deve lasciare la casa. "Ma noi ti diamo da mangiare e ti facciamo il bucato! Ti va bene, lo sai?" furono le esatte parole di mia madre. Mio padre smise di parlare per circa tre settimane.

E cosa succede quando dici ai tuoi genitori quel grande segreto che hai tenuto nascosto su chi sei? Fare coming out con i miei genitori è stata la decisione più difficile della mia vita. Ciò che l'ha resa ancor più difficile è stato sapere, nonostante quello che dicevano gli altri, che non l'avrebbero accettato (e questo è tutto un altro libro, che sarà il mio prossimo bestseller: *Essere te stesso*).

Non era perché avevo paura di dichiararmi che aspettai fino a trentatré anni. Era perché dovevo essere pronto a lasciare la mia famiglia.

Quando ho fatto coming out con loro, fu immediato. Venni ripudiato.

Come ho fatto a lasciare andare? Ho celebrato il fatto che sono un individuo unico, che non dipende da nessun altro.

Ricordavo a me stesso (ad ogni ora) che la famiglia è definita solo da quel che io credo essere vero.

Ho ridefinito il significato stesso di *lasciare andare*. Ora era diventato progresso, evoluzione, amore per se stessi.

Ho scelto di perdere il mio bisogno di sentirmi accettato. Questo è stato quel che ho lasciato andare e da allora, non sono mai stato così libero, amato o con la mente più chiara sul mio scopo.

In che cosa nella tua vita familiare/relazionale puoi scegliere di lasciare andare il tuo bisogno di essere accettato?

____

____

____

Lasciando andare il tuo bisogno di essere accettato, cosa potrebbe diventare possibile fare?

____

____

____

Che cosa puoi celebrare in questo momento? (Un "a-ah!", una realizzazione o anche semplicemente una situazione corrente)

____

____

____

____

____

LASCIAR ANDARE LE CREDENZE CHE NON TI SERVONO

Esercitarsi a lasciar andare la storia esterna e familiare vi mette in condizione di affrontare la sfida più grande di tutte. La sfida di *voi stessi*. Ovvero, la sfida che si presenta quando si esamina ciò che si crede essere vero.

Una cosa che ho dovuto lasciar andare è stato il mio bisogno di accettazione da parte della mia famiglia quando sono stato ripudiato. Un'altra sfida è stata quella di annullare oltre trent'anni di "programmazione" che era diventata parte del mio sistema di credenze.

Sono cresciuto sentendomi dire:

- "Non sei *niente* senza la famiglia"
- "Nessuno ti tratterà mai così bene come noi"
- "I tuoi sogni sono per i sognatori"
- "Non fidarti di nessuno, nemmeno di te stesso"
- "Vorrei potessimo riportare in vita Hitler. La prima missione che gli darei sarebbe di sterminare tutti i gay"

E nell'unica interazione che ho avuto poco dopo il mio coming-out con la famiglia:

- "Non dirlo a nessuno. A nessuno serve saperlo. Tienilo semplicemente segreto. Vivi una vita tranquilla, da solo."

Eliminare tutta quella programmazione avrebbe richiesto del tempo e un muscolo extra..

Ricordo molto chiaramente che nel 2011, mentre guardavo la mia casa bruciare, pensavo: "Non c'è alcuno scopo... a tutto questo. Quindi, se non c'è un senso e uno scopo, perché non posso semplicemente scegliere di essere sullo scopo? E se decidessi di *essere* lo scopo: la mia vita, la mia capacità di connettermi con gli altri e di condividere i miei doni... *forse è tutto qui*".

Lasciare andare un intero sistema di credenze o anche solo una parte di esso può essere doloroso. Tuttavia, direi che rimanere bloccati sulla base di ciò che si crede è più doloroso.

Può sembrare banale, ma ricordo di aver dovuto memorizzare tutti i piani alle elementari. La mia maestra ci diede un acronimo, per aiutarci a ricordarli: "M VEM J SUN P", ovvero le prime lettere di ogni pianeta del sistema solare in inglese, partendo da Mercurio e finendo con Plutone. Mi è servito molto e ancora oggi non l'ho dimenticato.

Poi, nell'agosto del 2006 è stato dichiarato che Plutone non è più un pianeta. Sì, Plutone è stato retrocesso! All'improvviso, tutto ciò in cui credevo dovette cambiare. Avrei potuto resistere e fondare la società "Io credo in Plutone".

Quali convinzioni potete abbandonare che non vi servono più? Forse sono idee che avete fin dall'infanzia o cose che vi sono rimaste impresse e che oggi non mettete nemmeno in discussione.

____

____

____

Lasciando andare queste credenze, cosa diventa possible per te?

____

____

____

Che cosa puoi celebrare in questo momento?

____

____

____

____

____

CHI VUOI ESSERE?

Lasciare andare non è sempre facile. Brené Brown insegna che l'unica cosa che non si dovrebbe mai lasciare andare è chi siamo. Lasciate invece andare quello che pensano gli altri, le loro aspettative e le loro proiezioni.

Ho scoperto che, ancora una volta, porsi la domanda "Chi devo/voglio essere?" serve a sostenere l'abbandono delle convinzioni che non servono più.

Volevo essere libero dal giudizio, dal dolore e dall'ansia. Volevo essere libero di essere me stesso, di essere quello che sono sempre stato.

Lo voglio anche per voi. È la motivazione principale dietro questo libro ed è il motivo per cui faccio quello che faccio per gli altri.

Sei pronto, ora, a diventare *te stesso*.

Per spogliarti delle convinzioni che ti tengono bloccato e piccolo.

Cosa ti serve per accettare la standing ovation che ti ha accolto in questo mondo?

Sei pronto, ora, a essere *libero dal fardello*!

Chi vuoi essere?

____

____

____

Quali credenze ostacolano il tuo percorso per essere quella persona?

____

____

____

In che modo lasciare andare quelle credenze può facilitare il tuo diventare la persona che vuoi essere?

Entro quando pensi di voler lasciare andare quelle credenze?

Che cosa puoi celebrare in questo momento?

SOTTO I RIFLETTORI: UNAPOLOGETIC INFLUENCER

UNBURDENED

DI HEATHER JOY BASSETT

Heather Joy Bassett è una speaker, autrice e mentore.

Anche dopo anni di terapia e di sviluppo personale e professionale, non stavo ancora affermando la mia verità. Ero silenziosa e oppressa. La mia qualità di vita era scarsa e si ripercuoteva su tutti e tutto nella mia vita. Non era bello. Poi, però, ho iniziato una straordinaria esplorazione di chi sono e del perché stessi vivendo in quel modo.

Improvvisamente, divenni molto consapevole delle lacune della mia vita, di ciò che non avevo insegnato ai miei figli, dei miei fallimenti, delle mie mancanze e di come avevo influenzato gli altri.

Questa consapevolezza mi portò a precipitare in una depressione più profonda, perché il senso di colpa mi opprimeva.

Vi siete mai sentiti come se steste vivendo una bugia? A me è capitato. Sulla carta sembrava che avessi tutto! Ero il campione del mondo di lacrosse del 1986, una imprenditrice di successo e podologa. Avevo un compagno, due figli, un cane e persino la staccionata bianca.

Eppure, ero disperatamente infelice e non riuscivo a capire perché!

Ero grata, ligia al dovere e sostenevo tutti, ma il mio critico interiore mi colpiva senza pietà. Ero insensibile. Mi sentivo scollegata dal mio corpo, dal mio cuore e dalla mia anima e mi scusavo con me stessa per il fatto di esistere.

Anche dopo aver fatto terapia per decenni, ero ancora bloccata e non riuscivo a capire perché.

Un giorno, il mio medico mi disse che ero stata vittima di bullismo da parte di qualcuno che conoscevo! Il mio corpo lo sentiva, sapeva che era vero; gli schemi del mio comportamento e le circostanze tornavano tutte. In quel momento, mi resi conto che non avevo parlato in modo unapologetic. In effetti, per anni non avevo detto la mia verità, tranne nel caso fossi molto ubriaca.

Questa consapevolezza mi fece sentire come se mi fosse stato tolto un enorme peso di dosso. Improvvisamente, quel sentirmi libera, *senza fardello*, quel non mentire più a me stessa, andò oltre l'epico e divenne cosmico!

Quando mi sono assunta la responsabilità della situazione in cui mi trovavo, sono diventato unapologetic. Così, mi sono presentata alle persone che pensavo di proteggere e ho raccontato loro senza vergogna il mio viaggio.

Gli effetti furono immediati. *Senza alcun peso*, il mio cuore cominciò ad aprirsi. Il sollievo ha attraversato tutti noi. Sono iniziate le conversazioni non apologetiche e ho cominciato a tornare nella mia vita.

Oggi non ho più problemi di salute mentale, non prendo farmaci e non vado da un terapeuta. Wow, il potere dell'essere unapologetic è stato qualcosa di cosmicamente proficuo per me!

Più e più volte mi sono seduta in cerchio con persone che hanno trovato il coraggio di dire la loro verità *ad alta voce e unapologetically*, e le ripercussioni sono state immediate. *Liberate dal peso*, le persone sperimentano una nuova leggerezza. Si alzano in piedi, le spalle si rilassano, gli occhi tornano a brillare e i cuori iniziano ad aprirsi.

Dire la mia verità unapologetically è stata la modalità di guarigione più potente che abbia sperimentato personalmente.

È sempre nel momento in cui una persona ha il coraggio e la vulnerabilità di parlare in modo unapologetic che sentiamo gli effetti collettivi dell'anima *libera da fardelli* e la vita diventa più magica.

Unleashed:
rilasciato, sguinzagliato, senza costrizioni.

UN SEI PRONTO AD ESSERE UNLEASHED?

ANDARE IN ALL-IN

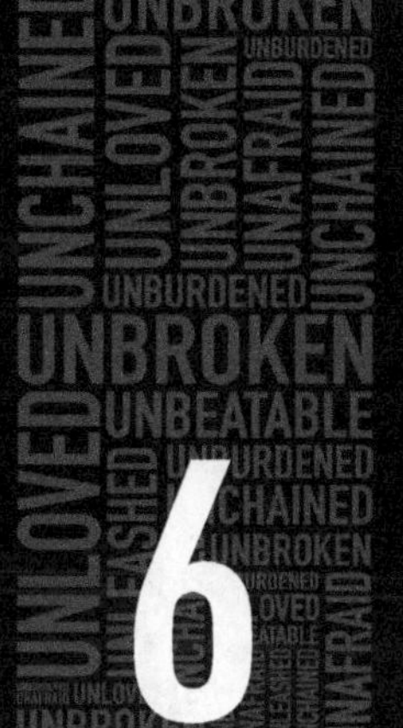

"Quando qualcosa è abbastanza importante, lo fai anche se le probabilità sono contro di te."

— Elon Musk

Nell'ultimo capitolo, siete stati invitati a flettere il muscolo chiamato "Lasciar andare". Lasciar andare è una pratica e un'abilità di vita che ho iniziato a ricercare e ad affinare quando ho iniziato a praticare seriamente lo yoga. Mi è apparso subito evidente che fosse quasi impossibile completare una sessione di yoga senza lasciar andare il mondo esterno (le liste di cose da fare, il lavoro, le faccende, le idee) e le mie stesse convinzioni limitanti (che le mie braccia possano cadere durante la Posizione del Guerriero II o che io possa cadere di faccia durante le posizioni invertite).

Lasciando andare e ridefinendo il vostro rapporto con i pensieri, le credenze e persino la storia familiare, sarete molto più vicini a raggiungere quello che credo sia il vostro vero scopo: essere voi stessi in modo da poter servire gli altri e il mondo.

La pratica del lasciar andare è esattamente questo, proprio come nello yoga. Non c'è un momento di arrivo o di completamento; c'è solo la pratica, per tutta la vita.

Ho letto *The Secret* di Rhonda Byrne quando era appena diventato un fenomeno mondiale. Avevo con me una copia del libro durante un viaggio a Los Angeles, e ricordo vividamente di aver letto il libro mentre mi godevo una giornata in spiaggia a Santa Monica. A ogni idea presentata nel libro, pensavo: *Ok, l'ho già fatto.... Lo so.* In sostanza, non c'era nulla di nuovo che non stessi già facendo. Una volta terminato il libro, mi sono detto: "Ma non si può solo desiderare e sognare.... Sono d'accordo con l'essere un sognatore, ma *so* che devi *fare* davvero qualcosa per ciò che vuoi".

Guardando indietro alla mia vita, mi sono reso conto che i miei più grandi successi hanno incluso un'azione massiccia da parte mia. Con ognuno di essi ho *rilasciato* lati di me che fino a quel momento non sapevo esistessero. Ho scommesso tutto, sono andato in *"all-in"* mettendoci *tutto me stesso*!

Cosa diventerà possibile per *te* quando ti impegnerai al massimo? Ho passato tutta la mia vita a fare ricerche su questa domanda, anche quando non sapevo cosa stessi facendo.

Di certo, quando ero all'asilo e nominavo giornalmente una amica come mia nuova fidanzatina, mi sono dato da fare e i risultati, al di là del vantaggio di aver organizzato il mio fan club femminile, sono stati una maggiore fiducia in me stesso e l'ingresso nel mio ruolo di leader per la prima volta.

COLORARE FUORI DAI BORDI

All'ultimo anno di liceo sono stato invitato a trascorrere un'estate in Giamaica per organizzare campi estivi e lavorare con alcune delle comunità più povere di Kingston. Quando ho presentato l'idea ai miei genitori, si sono messi a ridere e mi hanno detto: "Beh, l'anno scorso ti abbiamo pagato il viaggio a San Diego con l'orchestra della scuola. Se vuoi fare questo viaggio, dovrai pagartelo da solo".

Ovviamente, credevano che non sarei stato in grado di farlo, soprattutto perché all'epoca non avevo nemmeno un lavoro.

L'opportunità di trascorrere un'estate fuori casa mi attraeva allora tanto quanto oggi l'uscita di un nuovo "iProdotto" qualsiasi. Ero determinato non solo ad andare in Giamaica, ma anche a dimostrare ai miei genitori che potevo farcela senza di loro.

(Non c'è niente di meglio di una buona motivazione esterna per ispirare un atteggiamento di "*all-in*").

Ho iniziato a studiare come fare una raccolta di fondi, soprattutto nelle scuole. La scelta più ovvia sarebbe stata quella di organizzare una vendita di torte, il metodo standard per fare soldi in ambito scolastico. Tutti amano i dolci, giusto?

Dopo aver fatto i conti, mi è apparso subito chiaro che una vendita di torte standard non mi avrebbe permesso di ottenere i fondi di cui avevo bisogno abbastanza velocemente. Ho chiesto agli amici: "Quanto paghereste per un biscotto o una fetta di torta?". Le risposte variavano da cinque a settantacinque centesimi. Mi resi conto che non sarebbe bastato!

Il primo momento "a-ha!" è arrivato quando ho capito che avevo bisogno di un pubblico con i soldi: gli insegnanti!

Il problema: gli insegnanti pranzavano a rotazione e non si riunivano tutti nello stesso posto alla stessa ora.

La soluzione: mi sarei sistemato all'interno o appena fuori dall'ufficio e sarei arrivato in anticipo. Ogni insegnante doveva passare dall'ufficio per controllare la propria posta.

L'altro problema: sapevo che non avrei potuto vendere un volume sufficiente di dolci a un insegnante che avrebbe trascorso un minuto o persino meno al mio tavolo per raccogliere i fondi necessari.

La soluzione (e il grande "a-ha!"): avrei avuto un tavolo di degustazione dove gli insegnanti avrebbero potuto assaggiare gratuitamente una varietà di prodotti (avevo scoperto nelle mie ricerche che gli insegnanti amano le cose gratuite) e poi ordinare torte, dolcetti e biscotti a dozzine!

Andai in *all-in*!

Sequestrai la cucina del seminterrato (la tipica famiglia italiana ha due cucine, ovviamente) per un intero fine settimana per preparare una varietà di torte e biscotti.

Il lunedì mattina mi sistemai davanti alla posta degli insegnanti.

La mia vendita di torte fu un successo! Gli insegnanti apprezzarono anche il fatto che avessi creato una vendita di dolci solo per loro. Adorarono anche il fatto di poter assaggiare tutto gratuitamente. Il fatto che sapessi cucinare fu d'aiuto, perché nel giro di un paio d'ore avevo già una lista lunghissima di ordini. La torta al caffè e mele fu un grande successo, così come la mia Kahlua Bundt Cake e la Chippy Cake. Anche i biscotti riscossero un buon successo.

Mantenni il tavolo con gli assaggini per due giorni, prima della scuola, durante le pause e il pranzo.

Nuovo problema: come avrei potuto preparare tutto da solo a casa?

Soluzione: requisire la cucina della scuola che non veniva utilizzata per le lezioni.

Problema: ero comunque una sola persona.

Soluzione: reclutare i miei amici a diventare apprendisti pasticceri!

Per la settimana successiva, io e una manciata di amici abbiamo cucinato, cucinato e ancora cucinato.

Naturalmente, quando si passa da un'idea a un'operazione in piena regola con più parti in movimento in un periodo di tempo molto breve, è inevitabile che ci siano degli errori. Alcune torte non vennero bene (in altre parole, non superarono il controllo qualità).

Fortunatamente per me, il mio esperimento e quello che stavo facendo avevano iniziato ad attirare l'attenzione. Altri studenti mi chiedevano continuamente quando avrebbero potuto provare i dolci!

A-ha!

Gli adolescenti mangiano di tutto! Durante ogni pausa pranzo, ogni torta o lotto di biscotti che non superava il controllo qualità veniva offerto agli studenti a un prezzo normale.

Molteplici fonti di guadagno!

Alla fine, raccolsi abbastanza soldi per andare in Giamaica e nel frattempo avevo anche scoperto il mio spirito imprenditoriale. L'anno successivo, infatti, aiutai un'amica a raccogliere fondi per lo stesso viaggio insegnandole a gestire una vendita di torte simile.

Quando ripenso a questo momento memorabile della mia vita, sono certo che molti dei miei insegnanti hanno fatto degli ordini semplicemente perché hanno visto il mio impegno. E questo è il senso di tutto il capitolo. *Mettercela tutta* ha dei bellissimi effetti collaterali. Non solo andrete avanti verso i vostri sogni, obiettivi e visioni, ma coinvolgerete anche altre persone nella vostra persona. Vi vedranno come un leader, un pioniere... persino un visionario. Le persone vogliono essere guidate da visionari che siano fonte di ispirazione e che mostrino agli altri cosa significhi essere un leader.

Anche nella mia disfatta nell'attività di studio di yoga, sebbene molti la vedano come un fallimento, so che non c'era nessun corso di laurea o diploma che avrebbe potuto insegnarmi di più, facendomi spendere tempo (e investimenti) dieci volte superiori.

Quando ci si impegna a *mettercela tutta*, le cose accadono e le persone se ne accorgono.

Guardate Elon Music e SpaceX.

Thomas Edison e la lampadina.

Persino Gesù si è impegnato a fondo, e credo che questo sia *il* fattore principale che ha contribuito alla longevità e all'impatto della sua storia. Come mi piace scherzare, 2000 anni dopo è ancora un bestseller!

Che cosa ti serve per andare in "*all-in*"?

Qual è un'area del tuo lavoro o della tua vita in cui puoi scegliere di scommettere tutto?

____

____

____

Che cosa ti trattiene dal farlo?

Di quale supporto avresti bisogno per andare in *all-in*? (Persone, risorse, etc,.)

Quale credi sia la primissima e più potente mossa che puoi fare per avvicinarti al tuo *all-in*?

Entro quando compirai il passo per andare in all-in?

LA CELEBRAZIONE È UNO STRUMENTO

Un capitolo sul tema dell'impegno totale sarebbe incompleto se non si parlasse dell'elemento della celebrazione.

Quando deciderete, e spero già in questo momento, di puntare tutto su di voi, prendetevi un momento (o più di uno) per celebrare. L'atto di celebrare è una ricompensa che allena il vostro corpo e la vostra mente a volerne di più. Vi piace sentirvi bene. Celebrare vi fa sentire bene.

Non ho mai incontrato nessuno più esperto di celebrazioni di Joseph McClendon III, l'uomo in gran parte responsabile del successo dell'impero globale di Tony Robbins.

Ho avuto la fortuna di incontrare McClendon durante una piccola esperienza di due giorni che stava conducendo e che era essenzialmente incentrata sulla celebrazione o, come ama chiamarla lui, sull'*asstitude*, dall'unione delle parole inglese "ass" (sedere) e "attitude" (attitudine).

McClendon, psicologo di lungo corso che ha lavorato con alcuni dei più importanti personaggi del mondo, ha scoperto presto nella sua vita che gli piaceva sentirsi bene e che gli piaceva riuscire a far stare bene anche gli altri.

Ha scoperto, e ora insegna, il ruolo del *sedere* nel sentirsi bene. Come dice lui stesso: "È impossibile non sentirsi bene quando si scuote il culo e si muovono i fianchi. Provate!".

Ha ragione. Credo che sia fisicamente impossibile non provare un cambiamento di umore quando si muovono i fianchi e si scuote il sedere.

Anche se ho passato gran parte della mia vita a festeggiare le cose (involontariamente) a posteriori, ho deciso di mettere alla prova questa teoria. Ho seguito religiosamente ogni esercizio. Non è un caso che il mese in cui ho iniziato a scuotere il sedere, ho avuto il mese più importante che abbia mai avuto nella mia attività! Mi sentivo anche meglio e avevo un umore migliore in generale (chiedete a mio marito, ve lo confermerà lui).

Sono andato così in *all-in* che ancora oggi la gente mi chiede quale sia il mio segreto. Gli amici che hanno assistito a tutto questo (ehm-ehm) mi riempivano di domande per cercare di comprenderlo.

La mia risposta ogni volta era: "Stai facendo il lavoro? Ti stai impegnando a fondo? Stai scuotendo il culo e festeggiando? Quante volte al giorno?".

In un giorno qualsiasi, festeggio (vigorosamente) dalle cinque alle dieci volte. Celebro anche i fallimenti, perché mi piace sentirmi bene sapendo che sto ancora facendo progressi e la consapevolezza di questo fatto è, di per sé, un motivo per festeggiare.

Come si può integrare la celebrazione nella propria routine quotidiana?

Personalmente, uso la sveglia del mio telefono. Ogni mattina controllo il calendario per verificare la presenza di appuntamenti. Poi imposto che la sveglia suoni tra un appuntamento e l'altro, almeno cinque o dieci volte. Quando la sveglia suona, scuoto il sedere e riconosco qualcosa che posso festeggiare. Se sono seduto sulla mia sedia (cosa che spesso accade), lo scuoto lo stesso, anche sulla sedia.

È quasi come premere un pulsante di reset ogni volta che festeggio. Questo produce anche l'inaspettato effetto collaterale di non sentirmi esasperato ogni volta che squilla il telefono o suona la sveglia. Provate.

Quando scegliete di puntare tutto su di voi, combinandolo con festeggiamenti regolari, diventate una calamita per l'abbondanza. Quando lo fate nonostante e contro le probabilità, come ci insegna Elon Musk, vi mettete nella posizione di far accadere grandi cose (persino miracoli).

Quante volte al giorno ti impegnerai a festeggiare?

____

____

____

____

Cosa ti potrebbe portare su questa strada?

____

___

___

___

Come intendi gestire gli ostacoli che si metteranno tra te e la tua nuova routine di celebrazione?

___

___

___

___

Entro quando inizierai le tue celebrazioni? (E che ne dici di adesso?)

___

___

___

___

UNLEASHED

DI CHRISTINE GAIL

Christine Gail è una speaker motivazionale, leadership coach e mentore nel branding e nell'editoria.

Per me, diventare *scatenati*, liberi da costrizioni, significa non seguire più la massa. Piuttosto, avete acceso la voce silenziosa che vi sussurra che avete uno scopo da raggiungere... e lo raggiungete.

Essere unapologetic e *senza più costrizioni* vanno di pari passo. Diventare *scatenati in modo unapologetic* richiede di scoprire le proprie verità interiori e di camminare con integrità in quelle verità. Richiede una leadership mirata e la ricerca di una trasformazione collaborativa del mondo.

Se vi *liberate*, inizierete a fare l'inventario delle vostre intenzioni e del modo in cui conducete la vostra vita. Vi sentirete pronti ad affrontare i fantasmi del vostro passato, a ricreare la vostra visione e a vivere nello spazio dell'espressione creativa consapevole.

Personalmente, essermi *liberata* mi ha dato la capacità di guidare consapevolmente la mia vita e il mio lavoro. Non mi sento più limitata da un lavoro dalle nove alle cinque. Mi presento pienamente nella mia espressione creativa ogni giorno, nel mio lavoro di coaching, da scrittrice e oratrice, così come moglie e madre devota di due ragazze vive. In tutti gli aspetti della mia vita, filtro le mie reazioni per essere congruente con la pace, l'amore e la connessione.

Come tutti, ho giorni difficili e periodi in cui le cose non vanno come previsto. Quando ciò accade, accolgo il ruolo dello studente e mi chiedo: "Qual è la lezione da trarre?", "Dove si è manifestato altrove nella mia vita?", "Quali erano le mie aspettative e come posso andare avanti nel flusso di ciò che è destinato a realizzarsi per me?". Lascio che l'apprendimento avvenga piuttosto che coprirlo con distrazioni o facendo di più. Se qualcosa emerge dal passato, lo rivisito per rilasciarlo completamente.

Sapevo fin da piccola che avrei lasciato la mia famiglia e la mia vita di provincia in Texas per fare qualcosa di più grande di me. Mi ci sono voluti anni per capire cosa fosse, e questo ha richiesto una rivalutazione del mio passato, dove i miei sistemi di credenze e la mia autostima sono stati programmati per la prima volta. All'età di quattro anni ho sperimentato l'abbandono e per tutta l'infanzia ho sentito di non avere voce. In seguito, ho trasformato quella sensazione di non avere alcun valore in resilienza. Ho preso il senso di impotenza che provavo e ho spinto me stessa a raggiungere il successo. Di conseguenza, ho lavorato e mi sono finanziata l'università, ho guadagnato subito uno stipendio da sei cifre, poi ho fondato e costruito un'azienda multimilionaria dalle fondamenta. Si potrebbe pensare che per me la vita fosse bella, ma ho finito per allontanarmi. Ho iniziato ad ascoltare le risposte che mi arrivavano quando chiedevo: "Sto onorando il mio bene superiore e sto compiendo la mia missione?".

La mia conoscenza interiore si è attivata quando ho iniziato a mettere la mia spiritualità al primo posto e ad ascoltare veramente i suggerimenti che mi donava. Sono stata alimentata dalla motivazione di diventare una madre consapevole e connessa con le mie figlie. Ero disposta a fare tutto il necessario per trovare la mia voce e questo mi ha portato ad ispirare gli altri ad accendere la loro. Ho avuto il coraggio di scrivere un libro e ho lanciato una carriera che mi permette di vivere la vita consapevolmente. La metamorfosi è stata la parte più difficile, ma per tutto il tempo ero indirizzata verso qualcosa che serviva meglio la mia missione.

Abbracciando il vostro *essere liberi da ogni costrizione*, diventerete un contenitore di un messaggio che incoraggia l'interconnessione e il cambiamento. Potreste ricevere un segno o una spinta a guardare più da vicino i vostri doni e quelli degli altri intorno a voi. Potreste ricevere un segnale o una spinta a guardare più da vicino i vostri doni e quelli degli altri intorno a voi. Potreste sperimentare un cambiamento nel rapporto con la vostra famiglia. Potreste iniziare a vedere il quadro più ampio nella vostra attività e nella guida della vostra azienda. Questo messaggio potrebbe arrivare infondendo la vostra storia nella vostra attività, portando il vostro viaggio personale in un libro, o migliorando la vostra base di coaching e di conversazione. Dopo tutto, siamo arrivati con il compito non solo di vivere le nostre storie, ma anche di condividerle.

Le storie della vostra vita sono infuse di uno scopo. Potreste non vedere ancora l'immagine completa di chi siete, di come farete il primo passo nel vostro messaggio o di dove vi condurrà il vostro percorso, perché siete un dipinto su tela in divenire. Vivere nel flusso dell'ispirazione creativa svelerà continuamente il nucleo di *chi* siete e perché siete qui. Quando passerete alla gratitudine e alla riverenza verso il vostro intero viaggio, il vostro scopo sarà *rilasciato*, libero, e comincerà a sorgere dentro di voi come il sole che sorge sulla terra per illuminare la sua bellezza e tutti i suoi doni.

Unbeatable:
imbattibile, non-sconfiggibile, non-colpibile.

SEI PRONTO AD ESSERE
UNBEATABLE?

SAPERE DI ESSERE GIÀ ABBASTANZA

"Il coraggio è resistenza alla paura, domare la paura, non l'assenza di paura".

— Mark Twain

Nell'ultimo capitolo vi ho incoraggiati ad abbracciare le vostre visioni e i vostri sogni e a metterci tutti voi stessi per realizzarli.

Mettercela tutta mi ha permesso di costruire fiducia, amici, follower e persino diverse attività.

Sarebbe una bugia se dicessi che l'impegno totale ha risolto il problema della paura. Anzi, mi spingo a dire che non bisogna mai cercare di eliminare tutte le paure. Al contrario, la paura è qualcosa da abbracciare, con cui negoziare e con cui danzare.

Soprattutto nel parlare e nel guidare gli altri, la paura è un argomento che viene fuori con ogni singolo studente, cliente o performer con cui ho lavorato. Quando riesco, lo incoraggio e dico alle persone che mi preoccuperei di più se non avessero alcuna paura di parlare, guidare o esibirsi. Per me, questo indicherebbe che la posta in gioco non è abbastanza alta e che non ci tengono abbastanza.

INDAGARE LA PAURA

Capire la paura è diventata un'ossessione per me. Per molti anni mi sono chiesto cosa fosse la paura e come dominarla davvero, come suggerisce Mark Twain nella sua famosa citazione.

Quando stavo completando uno dei miei primi corsi di formazione per insegnanti di yoga, ho assistito a quello che alcuni potrebbero definire un miracolo. È stato un momento che ha cambiato per sempre il mio modo di affrontare la paura.

Stavo frequentando un corso di formazione per insegnanti nelle Catskills, nello Stato di New York. Il corso comprendeva molta pratica fisica e diverse sessioni di discussione in classe.

Il leader, il famoso yogi Baron Baptiste, invitava spesso le persone al microfono per condividere scoperte, domande e momenti "aha".

Durante una di queste sessioni, una donna si è avvicinata al microfono e ha iniziato subito a dire: "Oh, mio Dio, sono così nervosa.... Non lo faccio mai.... Non posso crederci.... Mi sento così spaventata! Non so se riesco a parlare!".

Stava parlando in fretta e furia, ma Baptiste la interruppe dolcemente con un sorriso innocente e disse: "Aspetta... hai paura? Dimmi di più. Puoi descrivere esattamente quello che provi?".

Donna: Il mio cuore batte forte. Sto sudando e lo sento tutto qui. [Si portò una mano verso il petto].

Barone: In quale punto esatto del torace e cosa senti esattamente?

Donna: È tutto qui [si muove verso il petto] ed è stretto....

Barone: Come fosse costrittivo? È in un'area specifica?

Donna: Sento che è come una palla vicino al mio cuore.

Baron: Okay, è in superficie? A un centimetro di profondità?

Donna: Um... è appena sotto la superficie.

Baron: Quanto è grande? La dimensione di un pompelmo? Una palla da tennis? Una pallina da ping pong?

Donna: È grande come un pompelmo... no... un'arancia... hmm, no... un limone.... aspetta... in realtà, non sento nulla... sto bene!

A quale stregoneria avevo appena assistito?

Baron era ad almeno tre metri di distanza dalla donna, che stava da sola al microfono. Non si è mai avvicinato a lei. Io e una sala piena di studenti (più di cento) stavamo osservando quello scambio dai nostri posti.

Baron si era limitato a farle delle domande chiarificatrici e aveva sfruttato la sua iniziale ammissione di sentirsi impaurita come occasione per indagarla.

LA PAURA È UN'OPPORTUNITÀ

Ho parlato in molti podcast e sono stato intervistato spesso sulla paura. Ogni volta dico sempre: "La paura è un'opportunità". Ed è così.

È un'opportunità per guardare più a fondo ciò che la paura reale è o non è.

Spesso, quando sorge la paura, ci crediamo. La paura è insidiosa e si nutre della nostra immaginazione altamente suggestionabile.

La donna che partecipava al corso di yoga non riusciva nemmeno a dire a parole di cosa avesse paura. Quando Baron ha indagato, ha cominciato a capire che la sua paura era solo una sensazione. Avrebbe potuto anche star descrivendo anche la sensazione di innamoramento, perché sarebbe stata molto simile.

Mi sembra che la paura si riduca sempre a una delle due cose: la paura basata sulle credenze (storia) o la paura dell'ignoto (istinto di sopravvivenza).

Quest'ultima è la più comune e copre un'intera gamma di paure. Paura del rifiuto, paura del fallimento, paura del successo, paura di fare brutta figura.... Tutte queste paure si verificano quando si immagina un risultato che non si è ancora verificato (e che potrebbe non verificarsi mai), ma si decide che se quel risultato dovesse realizzarsi, non si sarebbe in grado di affrontarlo. Quindi, la paura ci tiene al sicuro (e in vita).

Molti degli oratori e dei leader con cui lavoro hanno a che fare con la paura a un certo punto. Molti di loro ritardano il proprio sviluppo a causa della paura. Mi diranno: "Non sono pronto a fare un discorso TEDx", "Non posso candidarmi per quell'opportunità di parlare perché temo di non essere pienamente qualificato" o "Non sono ancora pronto a parlare di fronte a una grande folla".

In ognuno di questi scenari, i timori non sono fondati su alcuna prova concreta, ma si basano piuttosto su scenari *"cosa succederebbe se?"*.

Incoraggio sempre le persone a fare cose per cui non credono di essere qualificate. Lasciate che siano le persone che fanno la selezione finale a stabilire se siete qualificati o meno. Buttatevi e basta!

C'è una bella storia su uno dei pianisti del *Lawrence Welk Show*.

Jo Ann Castle aveva risposto a un bando di casting che cercava animatori esperti di pianoforte che avessero un vasto repertorio di musica ragtime.

Si candidò nonostante conoscesse solo una singola melodia ragtime. Invece di arrendersi alla sua paura, l'ha sfruttata come un'opportunità per imparare il suo primo pezzo di ragtime.

Il giorno dell'audizione, ha stupito la commissione e alla fine è stata assunta. Per tutta la sua carriera nello show ha lavorato duramente per imparare sempre più pezzi ragtime e molti altri per ogni spettacolo. L'opportunità di diventare un nome famoso le si è presentata solo perché ha scelto di vedere la paura come un'opportunità di crescita personale.

La paura basata sulle convinzioni e sulla storia può essere difficile da superare, soprattutto quando si è in grado di dimostrare il motivo della paura, come ad esempio: "L'ultima volta che ho parlato davanti a un pubblico, ho dimenticato quello che stavo per dire, quindi non voglio farlo mai più".

La mia domanda è allora: "Che dire di quella volta che siete caduti dalla bicicletta, o delle centinaia di volte che avete cercato di fare un passo quando eravate piccoli e siete inciampati, o di quella volta che stavate imparando a parlare e avete usato la parola sbagliata o non conoscevate la parola giusta?".

Mi sembra che abbiate superato la paura in tutte queste situazioni. In effetti, avete usato quelle situazioni come opportunità per padroneggiare una nuova abilità e, nel frattempo, per dominare la vostra paura.

SEI ARRIVATO SENZA PAURA

Il grande Dr. Wayne Dyer parla di una teoria contenuta nel suo libro (e nel film) *The Shift*. Riflette sul fatto che il tempo trascorso nel grembo materno è di semplicità e abbondanza. Le cose sono facili. Ci arrendiamo semplicemente all'essere un feto e l'abbondanza arriva. E continua: "Perché, allora, le cose dovrebbero cambiare quando arriviamo in questo mondo?".

I neonati non hanno paura. Come neonati, agiscono in base all'intuizione (anche se, a volte, l'intuizione può farli soffrire; i genitori servono a questo). Più si impara e si conosce, più la paura diventa una forza guida nella vita.

E se vi muoveste nel processo decisionale da un "non so tutto" a "ho un po' di esperienza in questo campo, ma non so cosa succederà questa volta, quindi proverò e vedrò?". Così facendo, sareste aperti all'avventura dell'esperienza piuttosto che temere il risultato.

Ecco l'altra cosa: perché vi fermate prima ancora di conoscere il risultato di qualcosa? Non sto dicendo che dovete andare a fare paracadutismo e bungee jumping e a sconfiggere tutte le vostre paure della lista. Sto parlando di affrontare le opportunità quotidiane che vi allineano con il vostro scopo.

DI COSA HAI PIÙ PAURA?

A volte dobbiamo considerare l'alternativa al lasciare che la nostra paura prenda il controllo. A titolo di esempio, vorrei raccontare la storia di Tina, che si è iscritta a un workshop di un giorno intero con me.

Tina era terrorizzata all'idea di parlare davanti a un pubblico. Infatti, quando è arrivato il momento di dire qualche parola di fronte al gruppo (c'erano altre cinque persone nella stanza, me compreso), mi è andata contro.

Tina aiuta le persone anziane a prendere decisioni informate quando si tratta di assistenza, in modo che possano invecchiare con dignità e non diventare un peso per nessuno. È un argomento *molto* personale per lei, perché ha avuto la fortuna di assistere i suoi nonni mentre invecchiavano e poi passavano a miglior vita, circondati dai loro cari e a casa loro.

Purtroppo, questa non è la norma. Ha visto molti anziani scivolare tra le maglie del sistema sanitario e ritrovarsi soli. Ha anche visto famiglie lasciate con grandi fardelli dopo la morte dei loro cari.

Ho chiesto a Tina: "Di cosa hai più paura: di parlare e salvare la vita delle persone, o di rimanere in silenzio mentre tante altre persone vivono nel dolore, muoiono da sole e causano dolore alle loro famiglie?".

Quel commento è bastato a Tina per salire sul palco e parlare, e da allora non si è più fermata. Oggi gestisce un'attività di assistenza agli anziani di grande successo e in continua crescita.

Cosa è possibile per voi una volta arrivati dall'altra parte della paura?

Come dico a tutti quelli con cui lavoro, il mondo vi sta aspettando! Quando vi deciderete a parlare e guidare gli altri come siete destinati a fare?

Una volta scoperto che la paura è davvero un'opportunità per espandersi e crescere, si apre un mondo completamente nuovo di possibilità.

Qual è la paura dominante che ti limita in qualche area della tua vita o della tua attività?

___

___

___

Quale opportunità è disponibile dall'altra parte della paura (una volta domata la paura in questa situazione)?

____

____

____

____

Di quale supporto hai bisogno per dominare questa paura?

____

____

____

____

Entro quando inizierai a sfruttare l'opportunità di dominare questa paura?

____

____

____

____

La scoperta richiede tempo. Potreste aver bisogno di rileggere questi primi sette capitoli più volte per scoprire appieno il vostro lato unapologetic e chi siete veramente.

Ricordate, è in *ciò che* siete (e che siete sempre stati) che scoprirete le vostre passioni, il vostro scopo, il vostro messaggio come speaker e la vostra base come leader.

La scoperta è una pratica che dura tutta la vita. Impegnatevi a scoprire voi stessi ogni giorno (e festeggiate)!

Cosa stai celebrando in questo momento?

____

____

____

____

____

____

____

UNBEATABLE

DI RANDY MOLLAND

Randy Molland è uno speaker, influencer e investitore.

La mia definizione di *imbattibile* è quella di una persona che ha attraversato i momenti più difficili e ha trasformato quella tragica esperienza in un messaggio positivo. Quando si è *imbattibili*, si ha il controllo della propria mente e non ci si arrende nemmeno quando ci si trova nel momento peggiore.

Essere unapologetic in relazione all'essere imbattibili significa prendere alcune delle situazioni più difficili che ci siano ed essere grati per la forza che ci hanno dato mentre crescevamo da esse. Io sono apologetico per quanto sono grato per l'opportunità che mi è stata data dalla perdita di mio fratello e del mio migliore amico. Invece di lasciare che queste esperienze mi distruggessero, le ho usate per costruire il tipo di persona che sono diventato. Mi hanno aiutato a diventare *imbattibile* nella vita e a condividere la mia storia per aiutare a illuminare gli altri che stanno lottando con le loro situazioni. Oggi uso queste esperienze come motivazione per creare lo stile di vita che hanno sempre meritato ma che non hanno mai avuto. Essere *imbattibile* mi ha spinto a imparare a usare il mio cervello e le mie emozioni in modi che non sapevo esistessero, e ora, grazie a questo, sto creando un impatto enorme.

Voglio che gli altri cambino il modo in cui pensiamo agli incidenti tragici. Abbiamo la possibilità di scegliere come gestire le situazioni. La scelta è nostra, sia lasciare che ci abbattano, sia lasciare che siano le cose più potenti del mondo. Nulla di ciò che posso fare può annullare quello che è successo o riportarli indietro, ma posso prendere le lezioni che ho imparato da queste esperienze e usarle per ispirare gli altri e creare un'eredità in loro nome.

Innanzitutto, ho perso il mio fratellino a causa della SIDS (Sindrome della morte improvvisa del lattante) quando avevo solo tre anni. Anche se non ricordo molto di quell'evento, ha avuto un impatto drastico sulla mia famiglia e sulla mia educazione. Per tutta la mia carriera scolastica sono stato vittima di bullismo e di prese in giro perché piangevo in classe, e oggi piango apertamente in pubblico quando condivido con gli altri la storia di come i miei genitori hanno preso la tragedia e l'hanno usata per crescere me e mio fratello con grande rispetto, passione, devozione e amore incondizionato. I miei genitori non hanno mai smesso di predicarci quanto fossero importanti la famiglia, l'amore e la cura. Sono una testimonianza vivente di come si possa essere *imbattibili* anche nei momenti più difficili e io amo condividere ciò che il loro esempio ha fatto per la mia vita.

Poi, all'età di ventiquattro anni, ho perso il mio migliore amico, mentore e futuro socio in affari a causa di un tragico incidente sul lavoro. Ricordando come i miei genitori avevano usato la loro perdita per creare una situazione positiva per me e mio fratello, decisi che avrei trasformato la perdita del mio amico in un'opportunità per avere un impatto positivo su tutti coloro che mi circondavano e, alla fine, su quante più persone potessi raggiungere.

Ora sono in viaggio per ispirare gli altri a diventare più grandi con i loro sogni e le loro storie, in modo che possano essere più generosi con le loro vite. Si chiama movimento *Go Big to Give Big*. La missione è quella di permettere agli altri di sentirsi unapologetic nel creare successo, perché più successo creiamo, più grande è l'impatto che possiamo avere sul mondo e sugli altri intorno a noi.

Il mio amico mi diceva ogni giorno: "Perché sei venuto a lavorare oggi? Hai così tanto potenziale che non stai utilizzando. Devi andare a fare qualcosa di più grande che stare in questo cantiere". Me lo diceva non solo una o due volte, ma ogni singolo giorno. Così, quando è morto, c'era solo una cosa da fare: andare a cercare il mio vero potenziale. Da allora mi sono innamorato di questo viaggio in un modo che non avrei mai immaginato. Ho lasciato il mio lavoro e ho co-fondato diverse aziende che hanno modelli incentrati su mio scopo, che mi hanno permesso di fare beneficenza, di perseguire il mio sogno di parlare sul palco, di viaggiare per il Nord America incontrando persone che la pensano come me e di creare uno stile di vita libero e divertente. Tutto questo è stato alimentato dal racconto di ciò che ho superato, in modo che anche gli altri possano imparare a vivere una vita *imbattibile*.

Grazie all'*essere imbattibile*, ho potuto creare un'azienda la cui missione è aiutare un milione di persone a diventare finanziariamente istruite e a investire nel settore immobiliare per iniziare a vivere una vita più soddisfacente. *Essere imbattibile* mi ha permesso di mostrare agli altri come superare le avversità e guardare le cose in modo diverso. E se il motivo per cui perdiamo qualcuno fosse quello di aiutarne altri cento? Se non si può rimediare a ciò che è successo, perché lasciare che ci distrugga? Se *diventate imbattibili*, allora potete usarlo per avere un impatto maggiore.

Ora ho usato entrambe queste esperienze di perdita che potrebbero "battere" una persona per *diventare* imbattibile e per dare ad altri la possibilità di prendere cose che normalmente sono eventi tragici, che cambiano la vita, e di resettare il loro cervello per imparare a farle diventare le esperienze di maggior impatto, e ad essere unapologetic sulla loro felicità arrivata nella vita grazie ad esse.

Immaginate se prendessimo le situazioni più difficili che possono far precipitare le persone nella depressione, nell'alcolismo, nella tossicodipendenza e persino nel suicidio e le usassimo per aiutare quelle stesse persone a uscirne non solo più forti, ma anche in grado di gestire le situazioni future con facilità. Essere imbattibili è un'abilità di vita; è qualcosa che, se si impara a gestirla, può essere la cosa più potente del mondo. È controllare la vostra mente invece di lasciare che la vostra mente vi controlli. È riprogrammare il cervello per capire che se non si può cambiare una situazione, si può cambiare il modo in cui la si percepisce. Ecco una citazione che leggo regolarmente e che mi ha aiutato a cambiare prospettiva:

"O ci si amareggia o si migliora. È così semplice. O prendi quello che ti è stato dato e permetti che ti faccia diventare un'altra persona. o permetti che ti distrugga. La scelta non appartiene al destino. Appartiene a te".

— Josh Shipp

Se non fossi imbattibile, sinceramente penso che ora sarei in uno stato orribile o, peggio ancora, non sarei nemmeno qui. Imparando per tutta la vita a guardare il lato positivo e a cercare sempre di trovare la luce in ogni situazione, sono stato in grado di crescere e di imparare a gestire le situazioni difficili. Oggi prendo ogni palla curva che mi viene lanciata e trovo il modo di trasformarla in un home run. Sì, è così semplice. Usando il pensiero positivo e guardando le situazioni come opportunità, invece di esserne vittima, sono in grado di creare uno stile di vita *imbattibile* che è contagioso per coloro che mi circondano. Posso dire unapologetically di essere grato di aver perso persone così straordinarie nella mia vita, perché questo mi permette di diventare la versione migliore di me stesso, di vivere una vita appagante e di insegnare agli altri come possono prosperare sulla scia della sfortuna.

Vi incoraggio a diventare imbattibili e a usare tutte le vostre disgrazie per creare una vita che vi permetta di sfruttare tutto il vostro potenziale.

Dedicato a mio fratello, Dean Molland, e al mio migliore amico, Rob Davison. Prometto di sfruttare tutto il mio potenziale e di vivere una vita appagante e abbastanza grande per tutti noi.

PARTE II

SVILUPPARE LE TUE ABILITÀ DI LEADERSHIP

Unbreakable:
infrangibile, non spezzabile, non rompibile, indistruttibile.

UN SEI PRONTO AD ESSERE UNBREAKABLE?

RESPONSABILITÀ

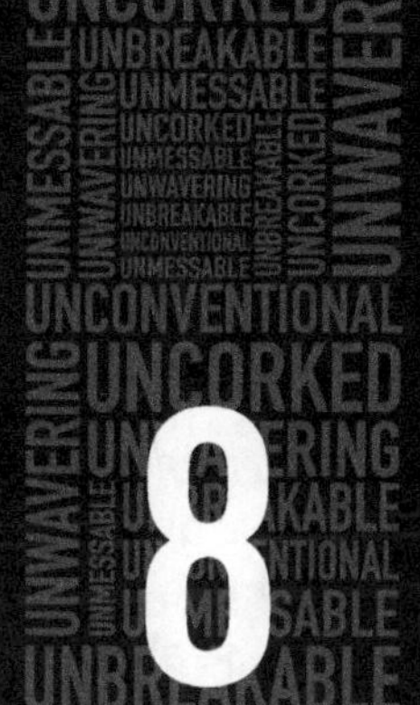

"Per tutta la mia vita non c'è stato altro che disciplina, disciplina, disciplina".

— Celine Dion

I primi sette capitoli di questo libro si concentrano esclusivamente sulla scoperta di chi siete e del *perché* siete chi siete, per scoprire l'unicità della vostra voce, la vostra idea, che vale la pena diffondere, e il vostro stile di leadership.

La maggior parte delle persone, anche quelle di successo, commette l'errore di saltare la fase di scoperta o di non dedicarvi abbastanza tempo.

Nel corso degli anni, ho osservato che una volta che le persone passano dalla scoperta allo sviluppo, la maggior parte delle altre scoperte cessa. In altre parole, un errore comune è quello di pensare a qualcosa, avere un momento "a-ha!" e poi lanciarsi con esso, sviluppandolo e consegnandolo al mondo.

A volte funziona. Altre volte, invece, ci si ritrova immersi fino al collo in un progetto e ci si chiede: *Come ho fatto ad arrivare a questo punto?* Io mi sono sentito così con la mia attività di studio di yoga. Una volta fissato l'obiettivo, nulla avrebbe potuto farmi deragliare. In effetti, ho ignorato le nuove scoperte (le bandiere rosse che mi avrebbero indotto a *abortire la missione*) perché ero così concentrato sullo sviluppo della mia idea e sulla sua realizzazione, che non mi importava di nient'altro.

Come si fa a rimanere in "scoperta" anche quando si sta sviluppando un'idea? Come fate a rimanere presenti, aperti e in linea con ciò che siete?

In questo capitolo, scoprirete l'unica cosa che ha fatto la differenza per me quando sono immigrato negli Stati Uniti dal Canada. L'unica cosa che la gente pensava fosse il mio elemento unico, il mio dono, mentre, in realtà, era qualcosa che dovevo praticare ogni giorno, e che faccio ancora oggi.

RESPONSABILITÀ RADICALE

La responsabilità non è un grande segreto, quindi potreste essere portati a leggere questo capitolo di fretta o a saltarlo del tutto. Vi consiglio di non farlo. Il tipo di responsabilità che sto condividendo con voi è, per così dire, radicale e persino non convenzionale (per saperne di più sull'essere anticonvenzionali, leggete il prossimo capitolo).

Il modello standard di responsabilità prevede che si fissino obiettivi o compiti che vengono cancellati dalla lista una volta completati. Forse avete anche un compagno, un allenatore o una sorta di dispositivo che vi permette di rimanere in carreggiata, motivati e supportati.

Essendo una personalità di tipo A piuttosto forte, amo le liste e sono piuttosto metodico nel portare a termine le cose. L'unica cosa che mi ostacola è che sono iper-creativo, il che significa che spesso mi destreggio tra più idee contemporaneamente.

Nonostante sia stato un imprenditore, in una forma o nell'altra, per tutta la vita, quando mi sono trasferito negli Stati Uniti ho iniziato a esplorare i programmi di coaching per ottenere il supporto necessario a ricreare i miei successi passati.

Suppongo che non sia colpa nostra se non siamo i migliori nell'essere responsabili di noi stessi. Il modello della nostra società occidentale - andare a scuola, trovare un lavoro, comprare una casa, sposarsi, avere figli, eccetera - non sviluppa pienamente l'abilità di essere responsabili; piuttosto, ci forma come seguaci.

Tutti i programmi che ho esaminato e di cui ho fatto parte prevedevano una sorta di processo di responsabilizzazione. Alcuni lo eseguivano meglio di altri, tuttavia, alla fine, nessuno insegnava direttamente l'essere responsabili (auto-responsabilità) e quanto essa sia intrinseca al successo.

Ho imparato che la creazione di obiettivi e compiti non sviluppa un senso di responsabilità, anche quando si allegano scadenze come "entro quando" e si ha un compagno per mantenerti in linea rispetto a quel che si è detto di voler fare e preposto di raggiungere.

Mi sono iscritto a un programma di coaching di sei mesi chiamato *Accelerate*. Ero pronto ad accelerare, quindi mi ci sono iscritto senza nemmeno stare a pensarci.

Sono stato abbinato a un compagno, sono entrato a far parte di un piccolo gruppo di potere composto da altre sei persone e mi è stato assegnato un coach con cui avrei parlato per trenta minuti ogni lunedì e venerdì. Ogni lunedì, mercoledì e venerdì, compilavo dei moduli di *accountability* (responsabilità) in cui identificavo l'obiettivo che avevo per la settimana, i progressi che stavo facendo verso il mio obiettivo più grande di sei mesi e le domande che mi avrebbero aiutato a fare chiarezza sulla direzione che stavo prendendo.

Come potete immaginare, compilare tre moduli ogni settimana, partecipare a due chiamate di coaching, a un'ulteriore chiamata con il gruppo più piccolo il mercoledì e tutte le altre ore dedicate al sostegno di un compagno, sono stati sei mesi molto impegnativi. Ho espresso a gran voce la mia opinione su tutto il *lavoro impegnativo* che comportava, ma poiché avevo pagato una bella somma per il coaching, mi sono arreso al processo e ho fatto tutto ciò che mi veniva chiesto, anche quando detestavo farlo.

RESPONSABILITÀ SENZA PRECEDENTI

Ogni settimana, durante questi sei mesi, dovevo proporre un obiettivo senza precedenti (qualcosa che non avevo mai fatto prima) e misurabile. Per esempio, l'obiettivo di sentirmi bene con me stesso non valeva perché non c'era modo di misurarlo. L'obiettivo di sentirmi bene con me stesso perché avrei avuto tre nuovi clienti paganti sarebbe stato accettabile. La settimana successiva, se volevo ottenere più clienti, l'obiettivo doveva essere un numero maggiore di tre (senza precedenti). Immagino abbiate capito il concetto.

Nel terzo mese del programma, la mia coach Jenn mi sifdò ad associare una cifra monetaria al mio obiettivo settimanale, poiché avevo espresso la mia avversione al rendere il denaro un obiettivo. Continuavo a sostenere che il denaro non mi motivava, il che è un enorme problema di mentalità quando si è imprenditori.

Ero così irritato dal fatto che Jenn mi facesse pressione su questo argomento che decisi di creare un obiettivo stravagante per la settimana. Dichiarai che avrei guadagnato 20.000 dollari in quella settimana. Si trattava di un obiettivo del tutto inedito, perché non avevo mai guadagnato una cifra simile in unico lavoro in un periodo di tempo così breve, e sicuramente era misurabile.

Nella mia mente sapevo già che non avrei raggiunto questo obiettivo, *ma* decisi di andare avanti lo stesso, se non altro per dimostrare che Jenn e l'intero processo si sbagliavano.

Avevo l'obiettivo, la responsabilità, il coach....

Riuscite a indovinare cosa è successo?

Quella settimana non guadagnai un centesimo.

Sono sicuro che Jenn abbia temuto che il venerdì l'avrei chiamata, aspettandosi probabilmente che dicessi qualcosa tipo: "Visto! Non funziona!".

Sono anche certo che sia rimasta sbalordita quando, invece, iniziai la nostra telefonata felice come se avessi vinto alla lotteria.

"Cosa celebri oggi?" mi chiese.

"Ho capito tutto! Adesso ho capito tutto!" risposi.

Nei moduli settimanali c'era una sezione che chiedeva: "Chi devi essere per raggiungere il tuo obiettivo?". Risposte come "sicuro di sé", "organizzato", "diligente" e "concentrato" riempivano la sezione.

Ecco cosa avevo capito: non si trattava affatto di obiettivi. Come si può essere davvero responsabili di un obiettivo che non si ha idea se si riuscirà a raggiungere? Si può, invece, rendere conto a se stessi. Ovvero, a chi siete.

Quando descrissi la mia epifania a Jenn durante la nostra telefonata, le dissi: "Questa settimana sono diventato un animale. Non mi riconoscevo. Non sono mai stato così determinato, così immune a tutto, così impegnato a essere me stesso! In effetti, ero piuttosto distaccato dal risultato, ma totalmente in sintonia con me stesso. Non mi sono mai sentito così sicuro di me e così in sintonia con il mio scopo in vita!".

RESPONSABILITÀ NEI CONFRONTI DI CHI SI È

La responsabilità radicale, quindi, consiste nell'essere responsabili verso chi siamo noi, nel processo di realizzazione. Poiché ero responsabile dei tratti della personalità che sapevo di dover avere per realizzare una settimana a più di cinque cifre, ho imparato molto su di me. In particolare, ho imparato come mi presento al mondo normalmente e come devo presentarmi per costruire il tipo di successo che voglio costruire per la mia vita e per tutte le persone che voglio sostenere.

La chiave è proprio essere responsabili di chi siamo. La maggior parte dei programmi e dei coach in circolazione tende a concentrarsi sul *fare*, e anche i coach che hanno fatto un grande lavoro di trasformazione e hanno capito che la chiave è l'*essere*, sono i primi che si concentrano ancora su obiettivi e progressi misurabili.

Forse vi chiederete perché stia celebrando il fatto che non abbia raggiunto il mio obiettivo, neanche lontanamente. La vera celebrazione è stata la consapevolezza che nei momenti di maggior successo della mia vita, la costante era il modo in cui mi ponevo. Lo stesso vale per i momenti di scarso successo.

Durante la vendita di torte per il mio viaggio in Giamaica, mi ero posto in modo innovativo, creativo, intraprendente, audace e inarrestabile.

Nel presentare il progetto a un'importante rete televisiva e nel sentirmi dire: "È stato il miglior progetto che abbiamo mai visto", ero audace, sicuro di me, fedele a me stesso, collaborativo e unapologetic nel modo in cui abbiamo presentato il progetto (nonostante gli avvertimenti del nostro produttore esecutivo sul fatto che ciò che avremmo fatto avrebbe scoraggiato i dirigenti televisivi).

Nel lasciare il mio sicuro lavoro di insegnante e nell'immigrare negli Stati Uniti senza un piano, ero stato fiducioso, aperto, creativo, impegnato e incrollabile.

Lo schema divenne chiaro. Non era nelle azioni che intraprendevo, negli obiettivi che raggiungevo o nei soldi che guadagnavo che avrei trovato il successo. Più e più volte era stato il mio modo di essere a portarmi al successo e a un maggiore senso di appagamento. Più mi impegnavo (ero ossessionato, in realtà) in un *modo di essere*, più successo avrei sperimentato.

CHI HAI INTENZIONE DI ESSERE?

E che dire delle persone di grande successo al top della loro carriera? Chi è il Dalai Lama di giorno in giorno? O Richard Branson, Oprah Winfrey, Ellen DeGeneres...? E persone come Gesù, Gandhi o Nelson Mandela? E Michael Jackson, Celine Dion, Prince o Dolly Parton?

Henry Ford una volta disse: "Un'azienda che non fa altro che soldi è un'azienda povera". Credo (e so) che la stessa cosa sia vera per gli individui.

Walt Disney disse: "Disneyland è un'opera d'amore. Non ci siamo imbarcati nel progetto di Disneyland solo con l'idea di fare soldi".

Steve Jobs disse: "Essere l'uomo più ricco del cimitero non mi interessa. Andare a letto la sera dicendo che abbiamo fatto qualcosa di meraviglioso, questo è ciò che conta per me".

Il successo non arriva per caso, né si basa sulla definizione di un obiettivo esterno di successo, di guadagno o di fare la differenza. Sebbene alcuni di questi elementi facciano parte del successo, so per esperienza diretta che nessuna di queste cose è un vero motivatore. La motivazione è sentirsi bene. Sentirsi in linea, in sintonia con il proprio scopo e con il proprio significato ci spinge alla grandezza. La strada per sentirsi bene passa attraverso un impegno radicale a essere la persona che si sente bene per quello che è. No, non è un rompicapo.

Pensateci. Chi dovete essere per sentirvi bene con voi stessi? La maggior parte delle persone, nel rispondere a questa domanda, ricorre a cose esterne. Tuttavia, "ho bisogno di avere successo" non è un modo di essere, ma un sottoprodotto.

Prenditi non più di sessanta secondi per stilare un elenco. Chi hai bisogno di essere per sentirti bene con te stesso?

Ripensate a tutti i vostri successi. Chi eri mentre stavate creando il vostro successo? Descrivi te stesso, i tratti della personalità, la spinta: chi eri in quel momento?

Momento di successo	Chi eri?
______________________	______________________
______________________	______________________
______________________	______________________
______________________	______________________
______________________	______________________

Riuscite a capire che il vostro *essere* è una parte importante dell'equazione del successo? Gli oratori, i leader, i pensatori, gli artisti e i performer di maggior successo hanno un modo di essere, e lo stesso vale per voi. Quando vi impegnerete ad *essere* voi stessi, unapologetically, sarete più in linea con voi stessi e con il vostro scopo, e il successo verrà da sé.

Volete sapere cosa è successo nelle settimane successive al mio grande momento "a-ha!" con la coach Jenn? Ho avuto la mia prima settimana a cinque cifre autogenerata e il mio primo mese a più di cinque cifre! Come dice Celine Dion nell'incipit di questo capitolo, ci è voluta disciplina, molta disciplina, e ce ne vuole ancora. Mi ricordo ogni giorno, più volte al giorno, chi sono e chi devo essere, e lo celebro!

Se sentite che ci sono aree in cui potete ancora realizzare la vostra vita da sogno, immaginate cosa potrebbe essere possibile quando diventate con fiducia ancor più di quello che siete, proprio come il vostro oratore, leader, visionario o celebrità di successo preferito.

Cosa intendi fare per essere più responsabile nei tuoi confronti?

Quando hai intenzione di iniziare?

Cosa stai celebrando in questo momento?

UNBREAKABLE

DI KAT HALUSHKA

Kat Halushka è una speaker internazionale e una regina dei meetup.

Per me, essere *unbreakable* significa "Posso. Lo farò. Niente può fermarmi". Significa essere me stessa e non permettere a niente e a nessuno di ostacolare i miei sogni. È vincere ogni fallimento, ignorare ogni frecciata che qualcuno mi lancia e superare ogni "e se...?" che ho in mente.

Ho imparato a essere *infrangibile* quando sono immigrata in Canada dalla Russia. Conoscevo solo poche parole di inglese, non avevo amici e non sapevo cosa fare. Questo mi ha quasi spezzata, anzi, mi ha distrutta. Mi rifiutavo di andare avanti con la mia vita, ma sono rimasta bloccata nel mio passato, ossessionata dall'idea di tornare al conosciuto e al comodo. Ma non era un'opzione, quindi ogni giorno era un inferno e ogni momento era vuoto. Ma il desiderio di rivedere i miei amici mi ha spinta a fare due lavori a tempo pieno, costringendomi ad adattarmi. Questa è stata la mia prima introduzione alla creazione di una me infrangibile! Avere un obiettivo è stato ciò che mi ha fatto imparare le mie prime 100 parole in inglese, e così, anche se fossero state solo "Welcome to Tim Hortons" e "double-double", sarebbe stato un inizio.

Ci sarebbero stati molti altri fallimenti nel mio futuro: cercare di ottenere un diploma senza soldi, la mia prima relazione, l'avvio di un'attività, il mio primo cliente a richiedere un rimborso.... Ma finché avevo un obiettivo, nulla poteva abbattermi. Continuavo a rialzarmi, togliermi la polvere di dosso e a riprovare.

Facciamo un salto avanti fino ad oggi. Devo dire che il lavoro è uno dei modi migliori per costruire una personalità indistruttibile. Centinaia di "No" e migliaia di ore di lavoro, a volte senza riuscire a raggiungere il sogno, formano sicuramente il carattere. Ma diventa più facile rialzarsi dopo essere stati abbattuti dalla vita. E ogni volta il muscolo per rialzarsi diventa più forte, finché rialzarsi fa parte del processo.

Perciò vi dico: "Allenate quel muscolo indistruttibile!", uscite dalla vostra zona di comfort, anche se solo un po', anche se solo una volta al mese. Qualunque cosa significhi per voi. Potrebbe essere salire su un palcoscenico, chiamare a freddo il cliente dei vostri sogni, invitare quella ragazza/quel ragazzo carino a cena fuori.... Fatelo! *Oggi* capita una volta sola, non sprecatela! Vi prometto che non vi spezzerete se ci provate. Anzi, diventerete ancora più indistruttibili.

Unconventional:
anticonvenzionale, non-allineati, non-tradizionale.

SEI PRONTO AD ESSERE
UNCONVENTIONAL?

ABBRACCIARE IL DIVERSO COME NORMALE 9

"Non c'era nessuno vicino che mi confondesse, così sono stato costretto a diventare originale".

— Joseph Haydn

Nell'ultimo capitolo ho condiviso con voi un elemento chiave, il segreto, se volete, del successo in ogni ambito della vostra vita. È così semplice che la maggior parte delle persone (secondo le mie ricerche, meno del 10%) non si renderà responsabile di chi è questo momento.

Prima di accettare un cliente o un progetto, faccio sempre un piccolo disclaimer. Sono interessato a lavorare con persone che hanno in mente qualcosa di più grande dell'aumento del loro reddito o della loro influenza. Mi interessa lavorare solo con persone disposte a diventare se stesse e che non hanno paura di essere sfidate ad allungarsi, evolversi, liberarsi e crescere fino a diventare davvero unapologetic su chi sono, sul perché lo sono e su come vogliono ispirare gli altri a fare lo stesso.

In questo capitolo, vi sfido a fare lo stesso. Cosa sarebbe possibile per voi se diventaste radicalmente voi stessi? Cosa sarebbe possibile se diceste le cose che volete veramente dire (per trasformare positivamente gli altri, non solo per parlare per il gusto di farlo. Come ricordo a tutti i miei clienti oratori, "a nessuno interessa veramente di voi o della vostra storia. Sono troppo impegnati a preoccuparsi di loro stessi. Parlate per trasformarli in modo che possano, a loro volta, trasformare il mondo"). Cosa sarebbe possibile per voi se diventaste aperti e sinceramente fiduciosi nella vostra missione e visione? Cosa sarebbe possibile se oggi diventasse il giorno in cui iniziate a spianare la vostra strada?

ESSERE NON CONVENZIONALI

Nel Capitolo 3 ho parlato di quando ho proposto uno show televisivo a una grande rete.

Tutto ciò che stavamo facendo non era convenzionale. Dall'idea all'esecuzione, fino al lancio stesso.

Per questo progetto abbiamo collaborato con un produttore televisivo esperto, perché senza qualcuno che abbia dei crediti, ottenere un contratto televisivo importante è più difficile.

Abbiamo trascorso mesi a preparare la bibbia di serie, la linea di registro, il concetto, i segmenti, la musica e la visione più ampia.

L'idea era grande, qualcosa che non era mai stato fatto prima in televisione.

Non dimenticherò mai l'espressione del nostro produttore esecutivo quando abbiamo detto: "Canteremo e balleremo quando faremo la presentazione alla rete".

Pensavo che sarebbe caduto dalla sedia. Ci ha detto che sarebbe stata una cattiva idea, che nessuno lo fa davvero nel settore, almeno non quando si tratta di un primo lancio.

Venendo dal mondo del teatro, non avevamo idea di come conformarci agli standard dell'industria e non avevamo alcun interesse a farlo, considerando che lo spettacolo che stavamo proponendo non era mai esistito prima, ed era un concept di spettacolo musicale.

A volte, essere ingenui è una buona cosa. Come afferma la citazione di Joseph Hayden, se non si è influenzati dagli altri, si può creare il proprio percorso. Hayden non se l'è cavata male seguendo questo consiglio ed è ancora considerato uno dei più grandi innovatori della forma e dello stile della musica classica.

Con grande disappunto del nostro produttore esecutivo, abbiamo cantato e ballato nell'ufficio dei dirigenti della rete, mentre il resto del team del network (era uno spazio per lo più aperto) ascoltava, ne sono certo.

Il risultato? L'alto dirigente responsabile della programmazione ha detto: "È stato il miglior pitch che abbiamo mai visto! Wow!"

Qualche settimana dopo abbiamo ricevuto la notizia ufficiale. Non avevamo ottenuto il via libera perché "non crediamo che la gente voglia vedere ragazzini che cantano e ballano in TV".

Il fenomeno televisivo *Glee* di Ryan Murphy è uscito qualche anno dopo. A quanto pare, la gente *voleva* vedere dei ragazzi cantare e ballare in TV.

Siamo stati anticonvenzionali e questo ci ha fatti notare. Siamo stati invitati a ripresentare altri concept e a organizzare incontri futuri.

Se ripenso al percorso che ho seguito nei miei momenti di maggior successo, non stavo seguendo la folla. Non voglio insinuare che non si debba mai seguire la guida di qualcun altro. Ci sono persone che hanno aperto la strada per noi e ci sono alcuni standard in alcuni settori che, semplicemente, funzionano.

Se si vuole far passare una canzone pop alla radio, questa deve essere di una certa lunghezza, con un'introduzione musicale di una certa lunghezza e con un ritornello incalzante. Ci sono eccezioni, naturalmente, ma la stragrande maggioranza delle canzoni accettate rientra in questo schema.

MARCIARE AL RITMO DEL PROPRIO TAMBURO

Dopo l'incendio della mia casa nel 2011, mi sono trovato di fronte al compito di ricostruire la mia casa e la mia vita. Chi ha già costruito una casa sa bene cosa comporta. È praticamente un lavoro a tempo pieno. E io stavo ricostruendo la casa mentre lavoravo a tempo pieno.

Fortunatamente, era molto vicina alla scuola in cui insegnavo.

Per dare vita a un'abitazione, sono necessarie migliaia di decisioni. Il progetto generale e la disposizione, la collocazione delle condutture e dell'impianto elettrico, la qualità delle finiture, i colori, gli elettrodomestici, i piani lavoro, il ferramenta per le porte, ecc.

È stata una rara opportunità per supervisionare ogni dettaglio, dato che lavoravo personalmente con il mio appaltatore. Abbiamo avuto un ottimo rapporto e posso dire che la maggior parte del processo è stata divertente.

Tuttavia, ho dovuto lottare per ottenere ciò che volevo a ogni passo. Perché? Perché stavo prendendo una strada non convenzionale.

Poiché le perdite subite nell'incendio erano state davvero ingenti, sapevo di voler costruire una casa in grado di massimizzare il rendimento nel caso in cui avessi deciso di venderla.

Ho iniziato a farmi chiamare "Principe Davide" dalla squadra di costruttori, non perché fossi un riccone, ma perché le scelte che facevo non erano standard, dal mescolare l'hickory con il travertino grezzo, ai tipi e ai colori di vernice che volevo usare. Mi sono persino preso la responsabilità di acquistare personalmente tutte le finiture più piccole (bagni, sanitari, apparecchi di illuminazione ed elettrodomestici).

Ad ogni riunione (ogni pochi giorni), le nostre interazioni tipicamente suonavano così:

Appaltatore: Siamo pronti per la pavimentazione.

Io: Ottimo, ho scelto un hickory naturale che coprirà l'intero piano superiore e due stanze del piano principale. Il resto del pavimento principale sarà in travertino 16" x 16", senza soglie particolari. Voglio che le due superfici si uniscano senza soluzione di continuità.

Appaltatore: Non lo farei se fossi in voi.

Io: Perché?

Appaltatore: Nessuno lo fa mai.... Non credo che avrà un bell'aspetto.

Io: Correrò il rischio.

Quando tutto è stato detto e fatto e la squadra è venuta a consegnarmi le chiavi, il responsabile del progetto ha detto: "Sa, devo dire che non credevo davvero nella sua visione di questa casa. Le sue scelte sono così uniche e temevo che le sue combinazioni e persino le scelte di disposizione delle stanze fossero un errore.... Mi sbagliavo. Avete costruito una casa bellissima!".

Il mio impegno nell'essere anticonvenzionale ha dato i suoi frutti. Qualche anno dopo, quando ho venduto la casa, il prezzo di chiusura rifletteva il successo delle mie scelte.

Siete disposti a non essere convenzionali, a non essere influenzati da altri quando si tratta della vostra visione?

Immaginate come sarebbe stata la storia se Walt Disney avesse deciso di seguire le convenzioni standard dei parchi a tema nei suoi progetti di Disneyland e Disney World?

Una delle mie storie preferite di Disney è il modo in cui dovette adottare un approccio non convenzionale quando acquistò il terreno per Disney World in Florida.

Secondo la storia, Walt sapeva che se le autorità locali avessero visto una persona acquistare grandi aree di terreno (nonostante il terreno fosse una palude), avrebbero aumentato i prezzi perché ciò avrebbe indicato che qualcuno (Walt) aveva trovato un modo per sviluppare il terreno.

L'escamotage che Walt escogitò fu quello di effettuare alcuni piccoli acquisti in un certo periodo di tempo, utilizzando decine di società "fittizie" (la mia preferita si chiamava M. T. Lott Corporation, dato che in inglese suona come "empty lot" -lotto vuoto!). In questo modo, nulla sarebbe stato ricondotto (almeno facilmente) all'uomo già noto per Disneyland.

Grazie alla sua lungimiranza e al suo approccio non convenzionale alla soluzione del problema, Walt acquistò il terreno necessario. Furono acquistati ventisettemila acri di terreno a un prezzo compreso tra gli 80 e gli 80.000 dollari per acro. (Naturalmente, i prezzi aumentarono man mano che si capiva l'interesse per l'area).

Inoltre, la visione di Walt era così unica che Disney World è stato costruito e realizzato per la maggior parte *dopo* la sua morte. Il non convenzionale viene ricordato. La visione anticonvenzionale di Walt di un parco adatto ai bambini e alle famiglie che giocano e si divertono insieme, ha coinvolto seguaci dedicati che hanno fatto della realizzazione del progetto come Walt avrebbe voluto la loro missione.

CHI HAI INTENZIONE DI ESSERE?

Che ne dite di Elon Musk, Richard Branson, Madre Teresa... tutti hanno scelto strade non convenzionali e si potrebbe dire che tutti hanno avuto personalità anti-convenzionali.

Siete disposti a scoprire chi siete veramente, mettendovi i paraocchi ed *essendo* semplicemente, guidando gli altri con innovazione e ispirazione e influenzando positivamente la trasformazione?

Joseph Haydn è considerato il più grande innovatore della forma classica, il padre della sinfonia (ne scrisse 107) e il creatore del quartetto d'archi. Poiché non fu troppo influenzato da altri grandi compositori (non ebbe come mentore nessuno dei grandi più importanti; anzi, fu per un certo periodo l'insegnante di Beethoven!), non soffrì di *comparanoia*, per cui fu in grado di scoprire la propria strada, svilupparla e consegnare al mondo la sua visione e la sua eredità.

COMPARANOIA

Comparanoia*: il desiderio di essere come e non-come gli altri. Credere di essere o che qualcun altro sia unico.*

Quando sono immigrato negli Stati Uniti, ho avuto l'opportunità di tornare a essere uno studente. Poiché per un certo periodo non ho potuto lavorare legalmente, ho guardato cosa facevano le altre persone nel settore degli speaker e della leadership.

Continuavo a sentirmi dire una cosa: "Se vuoi avere successo in questo mondo, specialmente in quello digitale, devi offrire valore!". Affronterò l'intero argomento del *valore* in un capitolo successivo; tuttavia, voglio affrontare subito un aspetto di questo argomento.

Come ho dimostrato in precedenza, quando faccio qualcosa, mi impegno al massimo. Per diventare uno speaker, ho fatto tutto quello che mi è stato detto, compreso:

- Avere un sito web
- Aprire un blog
- Fare pubblicità su Facebook
- Ottenere un ChatBot
- Avere una pagina aziendale su Facebook
- Avere un account Twitter
- Avere un account LinkedIn
- Avere un account Instagram
- Avere un canale YouTube
- Progettare un corso
- Avere un lead magnet
- Avere un imbuto di clienti
- Fare rete lavorativa
- Partecipare ai podcast
- Creare un brand
- Pubblicare sui principali media

L'elenco potrebbe continuare per diverse pagine.

Ho fatto tutto, esattamente come mi è stato detto.

Ho anche iniziato a prestare attenzione alle persone che si occupano di comunicazione e a come hanno costruito le loro attività. Quello che ho scoperto è stato molto preoccupante.

Il mio scopo nel condividere questo è semplicemente un'osservazione. Non sono qui per gettare nessuno sotto l'autobus o per denunciare qualcosa di scandaloso. Voglio solo far luce su ciò che accade là fuori, nella speranza che possiate adottare un approccio più critico per dare vita alla vostra visione!

Alcuni sono business coach che usano i discorsi come mezzo per costruire la propria attività.

Alcuni sono artisti, musicisti o artisti di qualche tipo.

Tutti hanno una "formula" per scrivere un discorso o far passare da un livello fino ad ottenere *almeno* 10 volte di più.

La maggior parte degli "speaker coach" non sono affatto oratori professionisti.

La maggior parte non è nemmeno un grande oratore.

Quelli che sono bravi oratori di solito non hanno un background di coaching o di insegnamento agli altri.

Tutti fanno affermazioni quasi stravaganti sul successo loro e dei loro clienti.

Credete davvero che seguire la "formula" di qualcun altro vi porterà allo stesso successo?

PERCORRERE IL PROPRIO SENTIERO

Nel mio studio di leader mondiali, artisti, oratori, performer e non solo, non ho visto un solo caso in cui l'iniziato sia salito al livello del maestro in modo identico. Semplicemente, non succede.

Più comune, tuttavia, è vedere le persone diventare vittime della paranoia mentre i loro guru coach liquidano i loro mediocri progressi dicendo: "Beh, non hai fatto esattamente tutto quello che ti ho detto".

E se vi metteste i paraocchi e vi concedeste un periodo di tempo molto limitato per rimanere in sintonia con il vostro settore? Poi guardate i dati che avete raccolto e cominciate a chiedervi in cosa credete e come volete trasmettere la vostra visione al pubblico.

Vi assicuro che Elon Musk non sta *aspettando* di vedere cosa fanno i suoi concorrenti per agire, e vi invito a non aspettare nemmeno voi.

Non siate convenzionali. Qualcuno sta aspettando il vostro approccio come "ventata d'aria fresca" in un mare di uniformità. Non posso garantirvi che avrete successo al primo tentativo, ma posso garantirvi che inizierete ad attrarre il 100% del vostro pubblico ideale, i seguaci che vi amano e la vostra tribù che, alla fine, guiderete a modo vostro. Dovete iniziare, però, da chi siete. *Questo* vi farà notare a lungo termine.

In quale area del lavoro o della tua vita senti di star seguendo l'esempio di qualcun altro?

____

____

____

Come sarebbe se lo facessi a modo tuo? (Fai un brainstorming delle tue idee).

____

____

____

Chi devi essere per intraprendere la tua strada non convenzionale?

____

____

____

Qual è il primo passo più importante che farai per mettere in moto le ruote?

____

____

____

Entro quale giorno hai intenzione di compiere i primi passi del tuo nuovo percorso?

____

____

____

UNCONVENTIONAL

DI MILANA LESHINSKY

Milana Leshinsky è un'imprenditrice, la regina della semplicità e l'inventrice di Telesummit.

Essere *anticonvenzionali* non è facile. A volte è scomodo e persino spaventoso sfidare il modo in cui le cose sono state fatte per molti anni. Anche se può funzionare per la "l'élite dei pochi" - il 5 percento superiore, le persone più influenti del settore - il resto delle persone viene lasciato si trova invece in difficoltà e vacillante. Ci vuole coraggio non solo per accorgersene, ma anche per richiamare l'attenzione e cercare di trovare una soluzione che possa andare contro le convenzioni accettate.

Non tutti hanno il coraggio o l'interesse di essere *anticonvenzionali*. La maggior parte delle persone segue la corrente. È più facile e più sicuro. È rischioso mettere in discussione pubblicamente qualcosa di cui il 5 percento ha goduto e approfittato per anni. Un approccio non convenzionale non significa avere le risposte o la soluzione, ma semplicemente far luce su un problema potrebbe aprire una conversazione su come si possa fare diversamente, in modo differente, migliore e, in ultima analisi, a vantaggio della maggioranza.

Tutti noi dobbiamo sentire la paura e farlo comunque. Mettete tutto in discussione. Sfidate. Condividete le vostre idee non convenzionali. Attirerete altri sostenitori del vostro messaggio e arriverete più velocemente a una soluzione.

L'altra scelta è quella di rimanere convenzionali, ma è troppo noiosa. Fare le cose nello stesso modo in cui le fanno gli altri non permette di trovare soluzioni innovative.

Qualche anno fa ho lasciato un'attività a sette cifre che avevo costruito con un socio d'affari. All'inizio sentivo di averci perso e basta. Non avevo scadenze, riunioni, niente da lanciare, niente da far crescere. Mi sentivo un imprenditore senza azienda. Ma poi ho iniziato a capire che non avevo semplicemente abbandonato un'attività. Avevo abbandonato un modo "convenzionale" di far crescere un'azienda e di avere successo nel mio settore. All'improvviso ho capito che c'è un modo migliore di fare le cose. Può essere un modo meno comune, meno popolare, meno accettato. Non è convenzionale e per questo riceverà più critiche, ma avrà un impatto maggiore.

Lasciando la mia azienda, ho avuto il tempo di riflettere sul nostro settore e di vederlo nel modo in cui lo vive la maggior parte delle persone. È stata un'esperienza che mi ha aperto gli occhi. Ho visto che le strategie che funzionano per chi sta in alto non funzionano davvero per chi sta in basso. In altre parole, i metodi insegnati dagli imprenditori di successo sono spesso inefficaci per chi è alle prime armi con l'imprenditoria online. Questi metodi richiedono competenze, reputazione, credibilità ed esperienza, cose che richiedono tempo per essere acquisite. Ecco perché, quando ho scoperto la via dell'imprenditorialità guidata dalla semplicità, ho capito che conteneva la chiave del successo per coloro che hanno lottato per far decollare la propria attività nel settore dei coach, degli autori e degli oratori.

"Crescere con ciò che si conosce": questa è l'idea alla base di un business basato sulla semplicità. Sì, si possono imparare tutte le strategie di marketing, i funnel di vendita e l'automazione, e si può costruire un team.... Ma tutto a suo tempo. Iniziate da dove siete ora.

Credo di aver sempre cercato idee non convenzionali, uniche e innovative. Forse è dovuto alla mia formazione musicale, in cui venivamo sfidati a creare le nostre armonie, a uscire dall'ordinario e a creare suoni inaspettati e straordinari. Negli affari, cerco sempre qualcosa che non sia stato fatto prima, perché è così che ci si distingue. Le idee ordinarie non mi ispirano: desidero qualcosa di diverso, unico, non ordinario e non convenzionale.

In ultima analisi, non giocate a "seguire il leader", che è chiunque si proponga come guru. Un guru non ha sempre ragione. Non lasciate che nessuno vi dica che dovete fare le cose in un certo modo. La maggior parte dei leader di pensiero non è convenzionale e non ha paura di esserlo. Non hanno paura di fare le cose in modo diverso, fuori dagli schemi, a rischio di essere criticati. Perché se le loro idee non convenzionali hanno un impatto positivo sugli altri, ne vale la pena.

Abbiate fiducia in voi stessi e non abbiate paura di essere anticonvenzionali. È il modo migliore per essere veramente voi stessi, ed è ciò di cui il mondo ha più bisogno: è la cosa più grande che avete da offrire.

Unmessable:
inamovibile, incorruttibile, non questionabile.

SEI PRONTO AD ESSERE
UNMESSABLE?

PRENDERE POSIZIONE

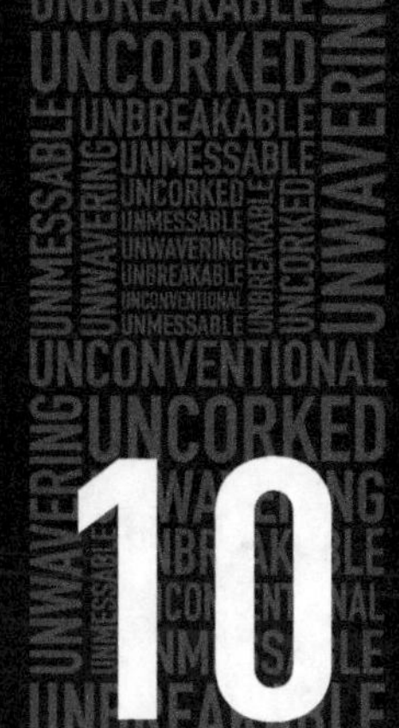

"Quando credi in una cosa, credici fino in fondo, intrinsecamente e indiscutibilmente."

— Walt Disney

Le persone vogliono essere ispirate. Nell'ultimo capitolo vi ho incoraggiato ad accettare il diverso come normale. Questo è il grande passo che vi permetterà di guidare e ispirare gli altri all'azione.

Una cosa è abbracciare e accettare personalmente il proprio punto di vista e i propri metodi. Metterli in pratica *nel* mondo reale è un'altra cosa.

Come si fa a sviluppare una posizione che abbia un impatto a lungo termine sugli altri? Questa è la domanda che esamineremo in questo capitolo.

La citazione di Walt Disney mi è servita come mantra per tutta la vita, e soprattutto di recente, quando ho sviluppato il brand *unapologetic*.

Prima di usare "*unapologetic*", ho usato "*unforgettable*" (indimenticabile) in molti dei miei progetti. Ho scelto questa parola in base a ciò che le persone dicevano di volere. "Voglio essere ricordato" è una richiesta frequente che sento dalle persone con cui parlo. Poco dopo aver iniziato a usare *unforgettable*, mi sono ricordato di una cosa che avevo imparato al Teachers College sul dominio cognitivo dell'apprendimento, che studia le funzioni cognitive del cervello in relazione all'apprendimento.

IL DOMINIO COGNITIVO DELL'APPRENDIMENTO

Nel 1965, un gruppo di ricercatori guidati da Benjamin Bloom ha proposto che la *conoscenza* o il *ricordo* sono al livello più basso della funzione cognitiva del cervello. In altre parole, potreste avere un discorso o una presentazione pieni di ottime informazioni e potreste essere focalizzati e amare il vostro argomento; tuttavia, quando presentate per essere ricordati, avete a malapena scalfito la superficie della parte pensante del cervello.

La comprensione è il secondo livello della funzione cognitiva del cervello. Ricordare le informazioni non garantisce la comprensione. Il prossimo elemento essenziale di un discorso o di una presentazione efficace è fornire i mezzi per far comprendere le informazioni. Ciò include la creazione di opportunità per prendere appunti, la narrazione di storie, le dimostrazioni, le immagini... insomma, il concetto è chiaro. Quando si sposta l'attenzione dall'esposizione alla comprensione, il modo di parlare cambia. Si diventa più descrittivi, si condividono meno contenuti in modo più ricco e si aumenta la connessione con il pubblico. Questo è un bene.

Ripensate a quando eravate studenti. Quanta parte dei contenuti che avete studiato per l'esame di maturità riuscite ancora a capire (o addirittura a ricordare)? Al giorno d'oggi, non abbiamo nemmeno bisogno di ricordare: abbiamo Google che funge da *cloud brain*.

L'applicazione è il terzo livello. Semplicemente, si tratta di permettere al pubblico di fare pratica. Anche in una presentazione o in una TED talk, potete trovare il modo di permettere al pubblico di applicare ciò di cui state parlando. Il silenzio è vostro amico! Utilizzate il richiamo, la condivisione o anche il tempo per "immaginarsi in questa situazione" e dipingerete un quadro che i vostri interlocutori potranno visualizzare e camminare mentalmente attraverso uno scenario creato per essere applicato alla loro vita. L'aspetto fondamentale è che chi deve apprendere applichi le conoscenze nel contesto della propria attività/vita/situazione.

L'analisi è il quarto livello. Scomporre, confrontare, contrastare, differenziare, dedurre, mettere in relazione e selezionare. Sono questi i tipi di domande che si vogliono fare per incoraggiare l'analisi e questo livello superiore di impegno cognitivo. Uno dei modi migliori per raggiungere questo obiettivo è quello di chiedere al pubblico di eseguire un test e di osservarne i risultati (in una situazione di workshop). In un presentazione, *siete voi a* eseguire il test. Mostrate esempi da cui i membri del pubblico possano dedurre le proprie analisi. Progettate immagini e dimostrazioni in cui il vostro punto di vista diventi evidente attraverso l'osservazione (senza che dobbiate dirlo prima).

La valutazione è il quinto livello. Dopo aver analizzato i risultati di un test, il passo successivo è la valutazione (oh, oh... voi odiate i test, vero? E come farete a testare un pubblico?) La chiave è "*mostrare* loro come". Mostrate al pubblico *come* criticare, riassumere, concludere e interpretare i risultati a cui lo avete condotto. Date al pubblico l'opportunità di valutare le vendite! Gli speaker e i leader che pensano continuamente al proprio pubblico hanno un successo (molto) limitato nel convertire il pubblico (che si tratti di vendite o di seguaci). Quando permettete al vostro pubblico di valutare, vi avvicinerete anche a rivendicare il trono di leader nel vostro settore, perché fornirete un valore che attualmente non è la norma.

La creazione è il livello più alto del dominio cognitivo. Incoraggiate il pensiero lungimirante e l'innovazione con i concetti di cui parlate, insieme alle idee e convinzioni che portate ad ogni passo. Incoraggiate il vostro pubblico e i vostri seguaci a utilizzare le vostre convinzioni fondamentali per creare il successo personale. Spostate l'attenzione da voi a loro. "Date" o "regalate" loro le idee che volete condividere. Invitateli a farle proprie.

L'EPIDEMIA DI CONTENUTI

Attualmente stiamo vivendo un'epidemia, un'epidemia di contenuti.

Siamo incoraggiati a pubblicare contenuti per dimostrare il nostro valore (tratteremo il tema del *valore* in un prossimo capitolo e condividerò il motivo per cui dovreste smettere di fornire valore e cosa invece dovreste fornire).

Secondo i guru, più contenuti si creano, più ci si posiziona come autorità. Questa logica, tuttavia, sembra sfidare le tendenze storiche e ignora completamente ciò che già sappiamo sul funzionamento del cervello, come illustrato nel dominio cognitivo dell'apprendimento.

Considerate le persone di maggior successo che conoscete. Producono contenuti o condividono ciò in cui credono? Cosa vi attrae in loro?

Come insegna Simon Sinek, "le persone non comprano quello che fai, ma il motivo per cui lo fai".

Nel mio branding "indimenticabile" mi sono reso conto che in realtà non stavo raggiungendo il mio pubblico oltre il primo o il secondo livello delle sue funzioni cerebrali.

Un giorno, durante un evento di networking, una donna mi ha avvicinato e mi ha chiesto: "Di cosa ti occupi?".

Sono piuttosto contrario ad avere una risposta standard (eccessivamente provata) in una situazione di networking. Quello che mi è uscito dalla bocca è stato: "Do la possibilità agli speaker e ai leader di trasmettere i loro messaggi e di ispirare gli altri in modo unapologetic omologato".

I suoi occhi si sono illuminati e ha risposto: "Lo desidererei". Abbiamo continuato a chiacchierare per qualche altro minuto su come si sentisse pronta a condividere ciò in cui credeva in modo più incisivo con i suoi seguaci e con il mondo in generale.

Qualche giorno dopo, ho ricevuto una sua e-mail in cui esprimeva come la nostra breve conversazione l'avesse ispirata e messa alla prova e come, nello specifico, l'essere "*unapologetic*" l'avesse spinta ad agire.

D'altra parte, c'era anche chi mi diceva che usare la parola unapologetic sarebbe stato troppo aggressivo e un errore. Una persona si è spinta fino a dire che avrei commesso un *suicidio del mio stesso brand*.

Come potete vedere (basandovi su questo libro), ho considerato i miei oppositori e detrattori come un feedback positivo. Stavo provocando una reazione e venivo ricordato, quindi non importava se fosse in positivo o in negativo.

Ho preso posizione e l'ho fatto sapere a tutti. Sono uno speaker e un coach unapologetic e voglio che anche voi trasmettiate il vostro messaggio e che diventiate leader unapologetic!

Ogni persona che ho incontrato è rimasta colpita da questa parola. Oggi ci sono più di quaranta parole "non" incluse nel brand.

La domanda più frequente che mi viene posta al di fuori di argomenti come discorsi, fiducia e leadership è: "Come hai sviluppato il tuo brand? È così forte".

In parte, sono stato fortunato perché non l'ho architettato io, almeno non all'inizio. È stato qualcosa che ho detto mentre ero semplicemente me stesso. "Che cosa succederebbe se fossi unapologetic in ciò che sei e in ciò che dici?".

Probabilmente, non vi aspettereste che qualcuno che lavora con speaker, artisti, presentatori e leader dica: "Le persone non sentono quello che dite, ma sentono e agiscono in base a quello che siete".

Ero unapologetic proprio in quel momento. Ha funzionato. In altre parole, stavo incarnando il mio messaggio a un livello tale da far sì che gli altri mi sentissero.

Poiché voglio essere pragmatico, in modo che anche voi possiate *essere fortunati* e ottenere il vostro brand, condividerò con voi come sono passato dal pronunciare una parola, che sembrava polarizzare, alla creazione di un movimento e di un brand che sta diventando sempre più riconosciuto.

FAR NASCERE UN BRAND (PRENDENDO POSIZIONE)

È davvero semplice. Per cosa vi schierate? Contro cosa vi schierate? Quando riuscirete a rispondere a queste domande, potrete iniziare a gettare le fondamenta di un'idea unica su cui potrete costruire tutto: una base per conferenze, un'attività, un libro, diversi tipi di presentazioni o conferenze, prodotti, programmi... Tutto diventa possibile quando dichiarate la vostra posizione.

Come si determina però la propria posizione?

Tornate al Diario di Straordinarie Storie Quotidiane che avete iniziato nel Capitolo 1. Se non lo avete ancora iniziato, non è troppo tardi. Iniziate subito e ricordate che questa è una pratica da fare a vita, quindi continuate ad aggiungere episodi al vostro elenco. Segnare e registrare le vostre storie non solo serve a mettere in luce chi siete, ma diventa una raccolta di storie da utilizzare in futuri discorsi, nel prossimo libro che scriverete, nelle storie che racconterete per ispirare gli altri e incorniciare le idee alla prossima riunione che condurrete, e così via.

Per ogni incidente e storia che registrate, ponetevi queste domande:

1. Come ho reagito o risposto in quella situazione?

2. Cosa ho fatto intendere?

Facciamo un'immersione ancora più profonda per scoprire (riscoprire) chi siete veramente. Per ogni episodio e storia, chiedetevi anche:

3. Chi ero?

4. E quindi? Cosa voglio che facciano?

Osservando le vostre storie, scoprirete la lente attraverso la quale vedete e vivete il mondo. Attraverso questa lente, scoprirete e inizierete a sviluppare la vostra posizione.

Dopo aver applicato le quattro domande precedenti a tutte le storie e gli incidenti del passato, date un'occhiata al quadro generale. Notate se ci sono delle coerenze lungo la linea temporale della vostra vita. Notate se reagite/rispondete in un certo modo nel corso della vita.

Disclaimer: se dite: "Oggi sono una persona completamente diversa da quella che ero [da bambino, da adolescente, cinque anni fa]", è un segnale rosso che state facendo resistenza contro il processo. Dopo aver lavorato con migliaia di persone, questo processo ha sempre funzionato. Senza dubbio, *se* intendete semplicemente limitarvi a considerarvi nati in un certo modo e che quel *modo* fa parte del vostro essere, del vostro codice genetico, questo processo lo smaschera.

Ora, rispondi a queste due domande:

A cosa dici "no"? (Cosa non sopporto? Verso cosa sei contarario? Cosa ti fa arrabbiare?).

____

____

____

A cosa dici "sì"? (Per che cosa ti batti? In che cosa credi? Che cosa ti accende?).

____

____

____

Quali modelli stanno emergendo? (Quale filo conduttore riesci ad individuare nella tua vita, anche in termini di ciò in cui credi e di ciò per cui prendi posizione o contro cui ti batti).

____

____

____

CHI SEI ADESSO, CONTA

Come ho già detto, il motivo per cui chiedo a chiunque lavori con me, dai privati alle aziende, di iniziare Diario di Straordinarie Storie Quotidiane come primo passo è che mette a nudo chi siete. Nelle storie della vostra vita, vi presentate in un certo modo. Osservare il modo in cui vi presentate (reagite/rispondete) rivelerà la vostra *posizione*. La vostra posizione (ciò che sostenete e contro cui vi battete) è inestricabilmente legata alla vostra storia.

Le persone si irritano quando dico loro: "A nessuno interessa la tua storia". Dico sul serio. Le storie sono fantastiche, anzi, credo che siano essenziali per la nostra sopravvivenza e per il progresso della società. Le storie, tuttavia, non ispirano gli altri all'azione, a meno che non siano allineate con una convinzione che porti a una lezione o a un invito all'azione.

Il motivo per cui il mio brand *unapologetic* sta prosperando e si sta diffondendo è perché è l'espressione esterna di chi sono.

Sono canadese. Tutti sanno che i canadesi amano chiedere scusa, per qualsiasi cosa, anche se non è colpa nostra!

Ho anche vissuto la maggior parte della mia vita scusandomi per quello che sono, restando in ombra, l'uomo dietro le quinte. Mi è stato persino detto che sono come il Quincy Jones degli speaker e dei leader. Come produttore discografico, Quincy era brillante e raramente sotto i riflettori, tranne che per le premiazioni o le apparizioni sui media.

Il fatto che sia stato *apologetico* tutta la vita ha alimentato il mio brand di unapologetic. Sono stanco di scusarmi, di farmi piccolo e stare dietro le quinte. Dico *"no" alle* scuse per ciò in cui credo. Dico *"no"* a lasciare che tu perda un altro secondo a restare nell'ombra o a scusarti per quello che sei o per quello in cui credi. Dico un bel *"no"* al fatto che non stiate vivendo il vostro miracolo, perché so come ci si sente.

Ogni messaggio, ogni discorso, il modo in cui lavoro con le persone, i miei eventi, le mie esperienze internazionali, i miei mastermind e i miei programmi: tutto ruota intorno all'idea di non essere apologetico. Funziona perché fa parte di ciò che sono e di ciò in cui credo, profondamente.

In cosa credete, profondamente? *Questo* è ciò che siete! *Questo* definisce il vostro *perché.* Quando parlerete e guiderete a seconda di ciò in cui credete, anche se non è in linea con l'opinione comune, inizierete a costruirvi una base. Il trucco sta nel parlare abbastanza a lungo da essere visti e ascoltati e nel rimanere inalterati nelle proprie convinzioni.

Mentre scrivo questo libro, non mi sorprende che Elon Musk abbia lanciato un'auto Tesla nello spazio o che Donald Trump sia il Presidente degli Stati Uniti.

Perché non sono sorpreso? Perché entrambi credevano in ciò che stavano facendo e in ciò che avevano da dire, senza vergogna. Che ciò che hanno detto sia positivo o meno, che siate d'accordo con loro o meno, è irrilevante. Il fatto è che stanno guidando gli altri dicendo (e agendo) la loro verità, mentre io e voi stiamo acquistando il corso che ci insegna come *distruggere i* social media o vendere di più online.

Un brand (ad esempio, *Unapologetic*, Elon Musk, Tesla e SpaceX, Donald Trump, Disney, Apple e molti altri) invita le persone a ricordare, comprendere, applicare, analizzare, valutare e infine creare da sé (pensare da sé). I marchi che mettono efficacemente la palla in rete e vi trattano come un ambasciatore sono spesso quelli di maggior successo.

Slogan come "Think Different" di Apple e "Freedom on the Open Road" di Harley Davidson affermano pubblicamente ciò in cui credono (la loro posizione) e guardano ai loro clienti come ambasciatori piuttosto che come clienti transazionali. Ci consegnano il brand, essenzialmente, in modo che ci sentiamo proprietari; ci sentiamo parte di qualcosa di più grande e lo diciamo a tutti!

Un personal brand, così come gli speaker e i leader hanno la stessa opportunità a disposizione. Il mio brand riguarda il *vostro* essere unapologetic. Naturalmente, in qualità di creatore, vi mostrerò cosa significa essere unapologetic per me e vi ispirerò a sviluppare la vostra base unapologetic. Apple non vi dice come pensare, ma vi suggerisce semplicemente di pensare in modo diverso. Il resto sta all'interpretazione, e i prodotti che Apple vende facilitano la vostra capacità di pensare in modo diverso.

Tutto inizia con una scoperta profonda (iniziare il Diario di Straordinarie Storie Quotidiane) e con la dichiarazione della propria posizione.

Mentirei se vi dicessi che riuscirete a ottenere la vostra posizione al primo colpo. Il vero segreto è: non cercate di capirla alla scrivania o di intellettualizzarla. Parlatene! Condividete le vostre idee con tutti coloro che incontrate. Condividete le vostre idee con gli amici, i colleghi, gli sconosciuti che incontrate agli eventi di networking, gli autisti di Uber e Lyft.... Parlatene a tutti, notate come le persone rispondono e reagiscono a voi e continuate a sperimentare. Più velocemente inizierete a parlare di ciò che credete e più persone lo diranno, più velocemente fallirete (il fallimento è un passo avanti perché si elimina ciò che non funziona e ci si avvicina a ciò che funziona) fino a perfezionare e rivedere la vostra espressione *unapologetic* di ciò che siete.

In che cosa credi? Fai un brainstorming di idee/frasi che identifichino la vostra posizione.

____

____

____

____

____

Perché qualcun altro dovrebbe credere in ciò che credi? (Che cosa ci guadagnano?).

____

____

____

____

Completa questa affermazione: Siccome credo ________________

____

____________________________ Voglio che tu __________

____

(Questa affermazione spesso aiuta a chiarire la propria posizione).

Chi devi essere per condividere questo messaggio con il mondo?

___

___

___

Dove condividerai questo messaggio (un prossimo evento di networking, il vostro prossimo discorso, un Facebook Live Stream...)?

___

___

___

Entro quale data inizierai a condividere questo messaggio?

___

Cosa stai celebrando in questo momento?

___

___

___

SOTTO I RIFLETTORI: UNAPOLOGETIC INFLUENCER

UNMESSABLE

DI CASEY NICOLE FOX

Casey Nicole Fox è una speaker, coach, podcaster e autrice.

Inamovibile significa avere un mentore e una squadra intorno a sé, in modo che, indipendentemente da ciò che la vita ci riserva, nessun guaio possa abbatterci. Il mondo ci dice che dobbiamo scusarci perché abbiamo bisogno di altre persone, ma la realtà è che per uscire dai nostri guai, nella vita abbiamo bisogno di altre persone. E quando siamo ci troviamo nei pasticci, dobbiamo accettarli per poter trovare quei mentori e quella squadra che ci aiutino a diventare inamovibili.

Avete mai partecipato a una battaglia con il cibo da bambini? La vita è come un'interminabile battaglia con il cibo in una mensa di una scuola media sovraffollata. Questi piccoli e puzzolenti studenti delle medie si lanciano l'un l'altro la loro unica forma di moneta, il cibo, in una stanza con troppi bambini e non abbastanza senso di responsabilità. Alcuni di questi ragazzi rischieranno tutto per imporsi, e non gli importa di sporcare. Alcuni si nasconderanno sotto i tavoli e aspetteranno che la lotta finisca, troppo spaventati per alzarsi e fare qualcosa. Alcuni ragazzi usciranno dalla mensa e se ne andranno per la loro strada, senza che nessuno li veda più. I bulli nell'angolo in fondo potrebbero strofinare la faccia di qualche bambino con un panino colante di condimenti. Tutti quelli che lanciano il cibo prenderanno tutte le munizioni possibili nella speranza di essere i migliori e di attirare l'attenzione. Ognuno avrà le sue ragioni per partecipare.

Quando avevo vent'anni, mi trovavo nella mia versione personale di una brutta battaglia con il cibo. Mi ero trasferita in uno stato in cui non avevo un sistema di supporto, non sapevo come "diventare adulto" e non avevo alcuna competenza finanziaria. Ero come una ragazzina delle medie che cercava di accaparrarsi quante più risorse possibili per dimostrare al mondo che potevo farcela da sola. Ho fatto quattro lavori giornalieri per cercare di pagare le bollette, le carte di credito che avevo esaurito e i prestiti giornalieri che avevo ottenuto. Ero persa, ma i miei giorni da "lotta in mensa" non sono iniziati lì.

Sono cresciuta molto povera. Siamo stati sfrattati da ogni posto in cui abbiamo vissuto. Sono cresciuta con i buoni pasto, l'elettricità staccata e gli aiuti governativi. All'età di dieci anni avevo subito abusi fisici, sessuali ed emotivi da più persone, ero stata in affidamento e in un istituto psichiatrico e avevo tentato di uccidermi per la prima volta. La "lotta per il cibo in mensa" della mia infanzia mi ha fatto reagire come molti altri bambini che si danno da fare per attirare l'attenzione. Pensavo che l'unico modo per vincere la lotta fosse fare tutto da sola.

C'è una parte della "lotta per il cibo" a cui nessuno pensa quando ci si trova in mezzo: Se si avesse un aiuto, se si avesse una squadra, si andrebbe molto più lontano di un semplice "ognuno per sé". Solo quando ho incontrato i miei mentori, a vent'anni, ho iniziato a far parte della squadra vincente della mia vita da "lotta per il cibo".

In soli tre anni, i miei mentori mi hanno aiutata a passare da quattro lavori giornalieri ad avere quattro attività in proprio e ad essere presidente di un impero aziendale con un fatturato a otto cifre all'anno.

È stato tutt'altro che facile imparare a cambiare la mia mentalità per passare dal nascondermi sotto il tavolo dalla vita a conoscere i miei punti di forza e unirmi alla lotta per il successo. Qualunque cosa facciamo nella vita, ci saranno sempre dei problemi. Tuttavia, si può essere inamovibili, come lo sono io adesso. E questo significa che, quando avete un sistema di supporto - un coach, un mentore, una squadra - diventate inamovibili perché non c'è nessun problema là fuori che vi possa abbattere. Diventate inamovibili quando capite che, per avere un successo massiccio, non potete farlo da soli; avete bisogno di una squadra al vostro fianco per superare questa vita da" lotta per il cibo in mensa". Ora, andate a cercare i vostri mentori e la vostra tribù e dite con me: "Io *sono* inamovibile!".

Uncorked:
stappare, liberare, non-imbottigliato.

UN SEI PRONTO AD ESSERE UNCORKED?

STORYTELLING

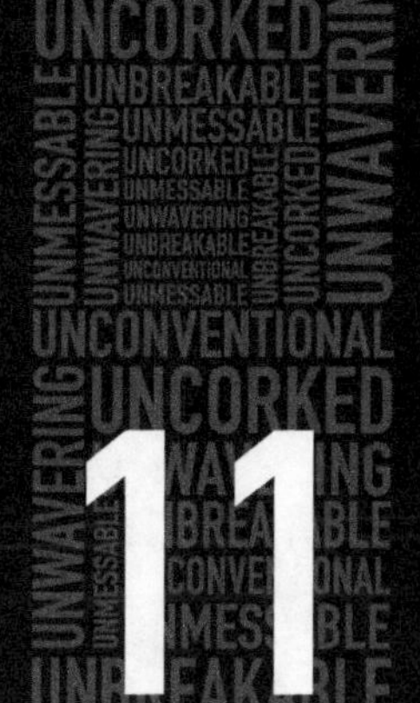

"Il miglior insegnante è quello più interattivo".

— Bill Gates

Avere una posizione forte, come abbiamo appreso nell'ultimo capitolo, diventa il fondamento su cui costruire una base di conversazione o di leadership e un'attività commerciale. La vostra posizione diventerà anche la lente attraverso la quale filtrerete tutto, e intendo ogni cosa.

Questo non vuol dire che vi chiuderete in voi stessi o che diventerete testardi come un mulo. Diventare noti per ciò in cui credete e farete in modo che tutto ciò che dite, fate, promuovete e vendete sia in qualche modo collegato al vostro credo e rafforzi il vostro brand personale (aumentando la vostra influenza e autorità nel vostro spazio).

Naturalmente, per dare vita a una posizione, avete bisogno di più materiale. Una storia è senza dubbio il modo migliore per trasmettere la vostra visione al mondo. In questo capitolo, analizzeremo gli errori più comuni in fatto di storie e come sviluppare la vostra posizione e la vostra storia in modo da spingere le persone ad agire in modo ispirato e duraturo.

Stiamo vivendo un'epidemia (sì, oltre a quella dei contenuti). È un'epidemia di (per lo più cattiva) narrazione.

Potrei anche condividere in anticipo le mie verità impenitenti sulla *storia*:

1. A nessuno interessa la vostra storia.
2. Condividere la propria storia più profonda e oscura spesso non è la scelta migliore.
3. È altamente improbabile che io diventi l'ambasciatore della vostra storia: è la vostra, dopo tutto.

L'ho detto! A nessuno interessa davvero la vostra storia, e lo dico davvero. Il problema (e la realtà) è che siamo tutti troppo concentrati su noi stessi (sì, anche tu che sei in missione per salvare il pianeta e agire al servizio degli altri).

Non sarei fedele al mio sistema di credenze se dicessi il contrario.

Come ho detto, credo che la storia sia un ottimo strumento; tuttavia, troppo spesso mette in ombra la vostra visione e missione più grande e provoca l'effetto opposto a quello desiderato. In altre parole, se usata in modo scorretto, una storia può indurre il pubblico a non fare nulla.

È molto facile allontanare il pubblico con una storia personale se non si ha ben chiaro lo scopo di ciò che raccontiamo. Che decidiate di inserire una storia in un discorso, di usarla per dimostrare un esempio o di condividerla per ispirare gli altri, è fondamentale chiedersi: "Qual è lo scopo di questa storia?" prima di impegnarsi ad inserirla.

Mi spiego meglio. Potrebbe essere opportuno, ad esempio, condividere la vostra storia in trenta secondi o meno. Il pubblico, se la storia viene creata tenendo conto della fine (lo scopo, quel "a-ah!", l'invito all'azione), coglierà il punto.

Ecco cosa non è una storia: il racconto per filo e per segno, ad esempio, della storia della vostra vita. Queste storie dolorose, che sembrano non finire mai, si riconoscono quando si sente lo speaker usare in modo eccessivo le frasi "e poi...", "quindi è successo che..." e le mie preferite: "andiamo avanti velocemente" e "torniamo un attimo indietro".

Sono sicuro che anche voi abbiate sperimentato questa storia infinita. È una constatazione dolorosa che ho fatto quando sono immigrato negli Stati Uniti e ho partecipato alle mie prime conferenze.

In quello che mi piace chiamare il Triangolo della California e del Nevada, che comprende San Diego, Los Angeles e Las Vegas (altrettanto spaventoso del Triangolo delle Bermuda, dato che gli speaker vengono risucchiati e apparentemente messi in trance per raccontare storie terribili), non manca l'opportunità di partecipare a una conferenza, un evento o un workshop ogni giorno della settimana. Recentemente, una partecipante al mio evento serale mensile, "Diventare uno speaker retribuito", mi ha confidato di aver sfidato se stessa a partecipare a un evento o a un workshop ogni giorno per quattordici giorni di fila. Secondo le parole di Morgan, "ho finito per farne quindici di fila, ed è stato terribile!".

La mia esperienza con gli eventi, anche con quelli più grandi della durata di tre giorni, è che si diventa vittime di ore e ore di contenuti e di tentativi di vendita. Le vendite sono sempre precedute da storie, e di solito non valgono nulla! Si tratta di storie di perdita di tutto, di tragedie, di debiti per non meno di 50.000 dollari, di dipendenze, di perdita di amici o familiari: ho persino sentito un guru includere tutti questi elementi nella stessa storia pre-vendita.

Ho parlato con centinaia di persone di questo fenomeno specifico. Anche coloro che decidono di abboccare e di iscriversi (anch'io l'ho fatto), mettono in dubbio lo scopo della storia stessa. In effetti, non ho ancora incontrato nessuno che abbia deciso di investire solo e specificamente sulla base della storia raccontata.

È vero che la storia può rendervi più simpatici e comprensibili, e questa è una buona cosa. La realtà è che la storia in sé raramente è il punto. La vostra storia deve rispondere alla domanda "Cosa voglio che facciano?" se vuole avere una possibilità di spingere il pubblico all'azione.

Le storie *più profonde e oscure* sono posizionate strategicamente e utilizzate per manipolare le vostre emozioni. Purtroppo, alcuni praticanti senza scrupoli della programmazione neurolinguistica (PNL) insegnano effettivamente come manipolare il pubblico a proprio vantaggio. Non è certo questa l'intenzione della PNL.

Potreste anche aver assistito a eventi in cui il guru condivide la sua storia e poi proietta un video strappalacrime. Uno dei momenti preferiti a cui ho assistito di persona (in altre parole, una delle manipolazioni più deplorevoli che abbia mai visto mettere in atto) è stato il guru che ha condiviso la sua storia di perdita e l'ha rafforzata con la sequenza di apertura del film *Up*, che termina con la moglie che muore prima che il marito riesca a portarla con sé nel viaggio di una vita che le aveva promesso: lo scopo generale è quello di seminare l'idea di "Agire ora prima che sia troppo tardi". Al momento giusto, subito dopo la fine della clip, il guru ha chiesto: "Cosa stai aspettando? Presto sarà troppo tardi". A quel punto, centinaia di spettatori con gli occhi pieni di lacrime si sono precipitati in fondo alla sala per versare la caparra su un programma il cui prezzo corrisponde a quello necessario per investire in un appartamento in Messico.

Alcuni potrebbero celebrare questo fenomeno come il migliore degli storytelling. Io mi sto impegnando per porre fine a questo fenomeno, o almeno per invertire la tendenza in modo da avere più oratori, leader, guru e insegnanti che usino le storie a fin di bene.

È chiaro che le storie possono essere potenti; tuttavia, da sole, non sono le storie a costruire la vostra autorità, la vostra credibilità o il vostro business. Come ho detto prima, non posso diventare l'ambasciatore della vostra storia. Ciò richiederebbe che io rinunci alle mie convinzioni e che riproponga la vostra storia come se fosse la mia. Non funziona.

Prendiamo ad esempio il network marketing. Spesso, i network marketer di maggior successo sono quelli che attribuiscono una storia personale al prodotto o al servizio che rappresentano. Il rappresentante che vende prodotti di bellezza solo per l'opportunità di business non sarà all'altezza del rappresentante che si è sentito più sicuro di sé e ha attratto il partner perfetto dopo aver usato i prodotti stessi.

Le storie vendono, è vero, ma solo se si comprende il ruolo della storia nel quadro generale.

Le storie agiscono come un ponte. Fanno da ponte tra me (l'oratore/leader), noi (il pubblico di fronte a voi) e loro (le persone collegate al vostro pubblico). Quando sviluppate la vostra storia come un ponte, la raccontate in modo diverso. Intrecciate lezioni e opportunità per i membri del pubblico di giungere alle proprie conclusioni. Aprite la porta perché pensino con la propria testa. Incoraggiate il pubblico a trarre le proprie conclusioni. Inserite la vostra posizione nella storia e invitate le persone a diventare ambasciatori delle vostre idee, piuttosto che dei vostri dettagli personali. Queste storie sono potenti, memorabili e stimolanti per il pubblico.

CREARE LA VOSTRA STORIA

Anche se questo libro non vuole essere un manuale per la creazione del vostro discorso, sarei negligente se non vi fornissi dei passi fattibili per iniziare il processo di condivisione della vostra storia, in modo che possiate diventare l'oratore e il leader visionario che so che siete.

Il primo passo è quello di iniziare a decodificare la vostra storia, partendo dalla fine.

Molti guru vendono l'idea che lo schema del discorso che hanno creato sia un modello di successo sicuro.

Vi avverto senza mezzi termini che credere che esista una formula per un discorso vi farà perdere molto tempo e ancor più denaro alla ricerca di qualcosa che non esiste.

Infatti, l'organizzazione TED, famosa in tutto il mondo, mette in guardia dai coach che cercano di vendere formule e strutture perfette per i discorsi. Loro credono, come me, che i migliori discorsi siano strutturati in tre parti (o tre atti, se preferite): un inizio, una parte centrale e una fine.

Naturalmente, man mano che l'esperienza e la sicurezza crescono, la struttura in tre atti si evolverà. Per esempio, i miei discorsi spesso includono un'ouverture (che porta al primo atto) e un doppio finale (o un bis). Tuttavia, il discorso complessivo si articolerà in tre grandi parti.

Suggerimento: il vostro terzo atto (il finale) sarà sempre una sorta di invito all'azione. Che si tratti di un richiamo fisico all'azione, di un invito a pensare in modo diverso o dell'insinuazione che ci sia qualcosa di più da esplorare, ogni volta che parlate dovete avere un richiamo all'azione (il punto).

Prima di iniziare a scrivere le idee per il vostro discorso in tre atti, prendete in considerazione la possibilità di abbozzare concetti e idee.

DA CHI A COME OTTENERE GLI "WOW!"

Uno dei grandi errori che si commettono quando si inizia a creare una storia o un discorso è quello di partire dalla domanda: "Di cosa dovrei parlare?". Invece, bisogna partire da *chi.*

DEFINIRE IL CHI

Chi sei tu. Tu sei il pezzo fondamentale, quello che, il più delle volte, non riesce a presentarsi (unapologetically e in tutta la sua gloria).

In altre parole, *chi* siete? Chi siete per il vostro pubblico? Qual è la vostra posizione? In cosa credete? E soprattutto:

Chi sarete per dare al pubblico un motivo per farvi prima rifiutare, in modo che possa accettarvi?

Quando avete ben chiaro chi siete e perché siete quello che siete, coloro che vi sperimentano ne prenderanno atto.

Capire *chi* siete deve venire prima di affrontare il vostro *perché*, come ho detto poco sopra.

Riuscite a capire quanto sia fondamentale *chi* siete in relazione al *perché*? Per avere un *perché* che sia in linea (e che abbia un impatto sugli altri), è assolutamente indispensabile capire chi siete (tutti voi, buoni, cattivi e brutti).

Chi è anche la visione d'insieme del vostro pubblico. Quando si sa *chi* è il proprio pubblico, si può progettare il modo in cui si trasmette il *perché:* lo scopo del discorso o della presentazione e il risultato finale desiderato.

Il *perché* per un gruppo di principianti riflette direttamente le loro esigenze, e sarebbe diverso dal *perché* per un gruppo di esperti in un determinato campo.

Continuate a esplorare i vostri *chi* basandovi sul punto in cui il pubblico si trova nella comprensione della vostra idea, delle vostre convinzioni o dell'argomento che state presentando.

Sì, è qui che dovete impegnarvi a capire veramente il vostro pubblico e i suoi bisogni/desideri. Chiedetevi:

- Cosa sanno?
- Cosa non sanno?
- Cosa devono sapere (per raggiungere il vostro *obiettivo*)?

IDENTIFICARE IL PROPRIO PERCHÉ

Prima che smettiate di leggere e mi giudichiate per aver condiviso qualcosa che probabilmente già sapete, seguitemi perché *c'*è molto più *perché* di quanto possiate immaginare.

Perché è il risultato desiderato.

Perché state parlando, presentando o conducendo, e *perché* qualcuno dovrebbe ascoltare, imparare, seguire o investire in voi?

Quando si considera il processo di apprendimento (applicabile anche al processo di vendita), il punto è il risultato finale. Prendiamo come esempio un libro di cucina o una ricetta online. La prima cosa che vi viene presentata è il prodotto finito: il titolo della ricetta e spesso un'immagine. Il *perché*, senza fronzoli.

Immaginate, invece, se vi venissero presentati gli elenchi degli ingredienti e le istruzioni in bianco, e il prodotto finale rimanesse un mistero, perché voi, l'autore della ricetta, volevate che qualcuno "imparasse facendo" e ottenesse un "BAM" simile a quello di Emeril Lagasse solo nei momenti finali, perché "Questo è d'impatto".

Il vostro *perché* deve essere chiaramente definito e tutto ciò che dite e fate deve condurre il pubblico al *perché*.

Ecco il dettaglio che farà la differenza. Dovete essere intrinsecamente e inestricabilmente connessi al *perché*. Voi rappresentate il *perché*.

In un modello di progettazione didattica (il mio background di insegnante mi è stato utile quando ho lavorato con relatori e leader), il *perché* viene definito comprensione duratura (parole grosse, concetti grossi, più facili da digerire di quanto si pensi). Il termine "duratura" si riferisce alle grandi idee che si vuole far "entrare dentro" o interiorizzare anche dopo aver dimenticato i dettagli più fini.

Quindi, anche il vostro *perché* vi tiene in carreggiata e vi aiuta a distinguere:

- Informazioni che vale la pena conoscere
- Informazioni/azioni importanti da conoscere e da fare
- Comprensioni durature

Un avvertimento. Immergersi nello sviluppo di contenuti prima di avere un *perché* completamente sviluppato (che non sia legato a chi siete) è una ricetta per un disastro (che vedo troppo spesso).

Chi siete e *perché* lo siete non solo sono le fondamenta di tutto il vostro discorso e della vostra base, ma spingono il vostro pubblico ad avvicinarsi alla vostra visione, missione e scopo e lo ispirano all'*azione!*

DEFINIRE IL *DOVE* E IL *COSA*

Dove incontrate il vostro pubblico? Cosa sanno già? *Dove* state portando il vostro pubblico? (Qual è la trasformazione che agevolate?).

Cosa: le prove accettabili che convalidano e dimostrano che avete spostato il vostro pubblico dal punto di partenza alla destinazione/risultato desiderato.

Pensavate che *questa* fosse la parte dei contenuti, vero? E lo è, più o meno.

Come misurerete i risultati, il successo o i progressi?

Questa domanda solleva molte questioni logistiche, quindi sono qui per sfidarvi a fare chiarezza su questo passaggio, perché è uno dei più importanti da considerare se volete ottenere un'influenza che perduri nel tempo.

Che cosa è il *cosa*?

Ecco alcuni strumenti di misurazione del successo da prendere in considerazione:

- Conversione/Metriche (in un funnel o in altri contesti di vendite)
- Osservazione (dal vivo)
- Dialogo/Discussione
- Quiz/Test
- Accordi/Contratti (soprattutto nelle vendite e nella trasformazione)
- Attività prestazionali
- Autovalutazione

Se fate una presentazione ricca di contenuti, offrite l'opportunità di utilizzare i contenuti nel contesto. Mostrate come ciò di cui parlate possa essere applicato alle persone (tutte) sedute tra il pubblico (*chi*).

Includete suggerimenti e fornite opportunità di condivisione per confermare l'accordo e la comprensione.

Fate sondaggi. Fate delle osservazioni. Se, ad esempio, state parlando di vivere una vita di fuoco e osservate che il pubblico non "è" infuocato quando cercate consenso, c'è una disconnessione. Anche se le persone ascoltano ciò che dite, non state creando un'esperienza che le trasformerà. Quindi, sfidateli a rispondere in un modo che permetta loro di sentire cosa significa vivere una vita di fuoco!

Perché? Perché è quello in cui credete e quello che volete per ogni membro del pubblico.

Chi? Perché è quello che *siete,* e che sapete essere anche ogni membro del vostro pubblico (il suo vero potenziale).

È fondamentale non misurare i risultati solo alla fine. A quel punto, è troppo tardi.

Chiedetevi: "*Quali* strumenti, dispositivi e opportunità, *nel corso del tempo* (per tutto il discorso, le cose belle richiedono tempo e ripetizione) metterò in atto per determinare che il mio risultato è stato raggiunto?". Rimanete fedeli e impegnati sul *perché* e sul *chi* e definite attivamente il *cosa* nel corso del tempo.

PIANIFICA IL TUO *COME*

Ora siete quasi pronti a creare il vostro discorso o la vostra presentazione. Prima di occuparci del *come*, dobbiamo concludere con il *cosa*. (Lo so, questa è la parte più difficile: resistere fino all'ultimo momento alla pianificazione di *come* presentare! Seguitemi; i risultati vi stupiranno).

Determinare *cosa* è necessario per il successo (sì, il contenuto!)

- *Quali* conoscenze/competenze sono necessarie per raggiungere l'obiettivo/i risultati desiderati?
- *Quali sono le* attività/esperienze che meglio insegnano/consegnano/insegnano queste abilità/conoscenze?
- *Quali sono le* risorse, i materiali o le piattaforme migliori per raggiungere l'obiettivo desiderato?

(È importante notare che ho incluso i contenuti tra i "*come*". Il *come* si forniscono i contenuti è fondamentale quanto il *contenuto* che si sceglie di fornire. Sono collegati).

Come farete per collegare nel modo più efficace il vostro pubblico al *perché*?

- Utilizzerete storie personali o storie di altri?
- Userete diapositive e linguaggi efficaci per creare desiderio e incoraggiare la trasformazione?
- Volete fare una conferenza di trenta minuti, un'ora o tre giorni?
- Farete leva sui vostri contenuti o utilizzerete contenuti già esistenti?

Ora è il momento di creare le diapositive, scrivere il testo e progettare il flusso della presentazione, tenendo sempre a mente il *perché*, il *chi* e il *cosa.*

Arriverà il momento in cui il vostro *perché* diventerà il *perché* di coloro che fanno parte del vostro pubblico, perché vi siete presi il tempo di capirli, di parlare loro direttamente e di includere la misura dei risultati che permette loro di interiorizzare/vedere il valore personale di ciò che offrite (che si tratti di istruzione, trasformazione o approfondimento).

L'errore più grande che commettono gli speaker, anche quelli di successo, è quello di lanciarsi troppo rapidamente nella selezione e nella progettazione dei contenuti. Anche gli oratori che sanno esprimere in modo rapido ed eloquente i loro *perché* commettono questo errore.

Solo perché conoscete il vostro *perché* e sapete recitarlo, non significa che lo abbiate infuso nel vostro discorso. In caso di dubbio, chiedetevi: "*Perché* lo inserisco?". "*Perché* è importante?" "*Perché lo faccio* in questo modo?" e "*Chi* sono io?". "*Chi* sono per il mio pubblico?". "*Chi* voglio che sia il mio pubblico?". Quando le risposte a queste domande si collegano direttamente al vostro vero *perché* e a *chi* siete, allora sapete di essere sulla strada per creare un'esperienza trasformativa per il vostro pubblico.

OLTRE BEYONCÉ

Leggete il testo iniziale della hit di Beyoncé, "Single Ladies (Put a Ring on It)". Illustra una concezione basilare del fidanzamento (non del matrimonio) che ha permesso alla star di raggiungere il livello di successo e di fama di cui gode oggi.

Lei e il team che ha scritto la canzone - Terius "The-Dream" Nash, Thaddis "Kuk" Harrell e Christopher "Tricky" Stewart - hanno compreso un semplice concetto che ha superato la prova del tempo quando si tratta di impatto, influenza e viralità.

La ripetizione.

Senza entrare nel particolare (potrei scrivere un libro intero solo su questa idea), la ripetizione è stata, nel corso dei secoli, uno dei modi più efficaci per coinvolgere le persone, vendere, creare impatto, celebrare, ricordare e onorare gli altri.

Amiamo la ripetizione.

Eppure, nell'ambito dei discorsi e della leadership, sento spesso dire: "Ma non voglio essere troppo ripetitivo", "L'ho già detto una volta. Voglio che sia interessante", "L'abbiamo già provato una volta" e altre proteste simili che ignorano dati millenari che dimostrano che rispondiamo alla ripetizione.

Anche se probabilmente non dovreste iniziare a condurre ripetendo frasi come se steste presentando la prossima canzone di successo di Beyoncé, ricordarvi di usare la ripetizione come parte della vostra base vi permetterà di ottenere una trazione che non può essere ottenuta in nessun altro modo.

Abbracciate frasi, idee e azioni che coinvolgano il vostro pubblico. Create l'opportunità di farli partecipare a ciò che state facendo.

L'uso della ripetizione vi permetterà di raggiungere il vostro pubblico (passato, presente e futuro) in modo efficace e relativamente semplice.

NARRAZIONE QUOTIDIANA

La mia esperienza personale con lo storytelling è stata una scoperta accidentale mentre insegnavo musica al primo anno. Mi piaceva conoscere i miei studenti più personalmente, ma non era facile farlo quando avevano clarinetti o trombe in faccia per un intero periodo. Così, all'inizio della maggior parte delle lezioni, dedicavo qualche momento a chiedere agli studenti di condividere qualcosa della loro serata o del loro fine settimana... in altre parole, di raccontarmi una storia.

Quasi senza eccezione, le storie erano terribili. Anzi, non erano affatto storie. Per esempio:

Io: "Chi ha fatto qualcosa di emozionante questo fine settimana e ha una storia da condividere?".

Lo studente alza la mano e gli chiedo di condividere.

Studente: "Ho invitato la famiglia e abbiamo mangiato".

Io: [in attesa di saperne di più, sorridendo].

Studente: [Sguardo vuoto. Sorridendo]

Io: "Quante persone avete ospitato? Cosa avete mangiato?".

Studente: "Oh, erano presenti circa ventisette persone. Abbiamo mangiato cibo indiano fatto in casa".

Io: "Wow! Non credo di conoscere ventisette persone che vorrei invitare a cena a casa mia [cercando di essere divertente]. Il cibo era buono?".

Studente: "È stato bello".

Questa era la tipica conversazione che avevamo.

Così, naturalmente, ho iniziato la mia crociata per insegnare a queste giovani menti a raccontare storie migliori e li ho incoraggiati ad essere più descrittivi, a fare il *reverse engineering* (scomporre il tutto) per arrivare a una battuta o a un punto, a essere umoristici, divertenti e fonti di ispirazione, se necessario.

E qui la cosa si fa interessante. Più i miei studenti diventavano bravi a raccontare storie, più diventavano bravi anche come musicisti. Quando ho visto emergere questo schema, l'ho messo alla prova. Immancabilmente, gli studenti e le intere classi con cui ho trascorso qualche minuto a lavorare sulla narrazione (anche se non lo sapevano specificamente - pensavano solo che la mia ossessione di fargli descrivere le loro vite al di fuori della mia classe fosse divertente) avevano una musicalità più forte, soprattutto quando si trattava di suonare in modo espressivo - in sostanza, erano in grado di raccontare storie migliori nel modo in cui suonavano la loro musica. Facevano vivere la musica.

Nel capitolo 17 condividerò come ho portato avanti questo esperimento che è diventato la base del lavoro che svolgo in tutto il mondo. Tutto è iniziato con la mia ossessione di ascoltare belle storie.

Le storie, se fatte bene, diventano una componente interattiva e invitante. Le vostre storie non sono il punto centrale, ma sono il ponte tra voi e il pubblico. Vi umanizzano e permettono agli altri di considerare le loro storie e di capire come si adattano.

Come afferma la citazione di Bill Gates che apre questo capitolo, i grandi insegnanti sono interattivi. Ricordate che non è vostro compito dare al pubblico tutte le risposte. Il vostro compito è invece quello di condurli a scoprire e sviluppare le proprie conclusioni. Gli oratori e i leader che capiscono questo concetto sono i migliori al mondo. Siete pronti a salire sul palcoscenico mondiale come narratori e leader interattivi e coinvolgenti?

Qual è l'insegnamento più importante che hai tratto da questo capitolo e come lo metterai in pratica nei tuoi futuri insegnamenti, discorsi e racconti?

____

____

____

____

UNCORKED

DI CINDY ASHTON

Cindy Ashton è la pluripremiata conduttrice televisiva di Cindy Uncorked, *nonché cantante, intrattenitrice, speaker e stratega di presentazioni di alto livello.*

Stappare è l'arte di esprimere i propri pensieri con intelligenza e gentilezza ed essere disposti ad ascoltare le opinioni degli altri, senza giudicare. Quando siamo in grado di comunicare, ascoltare e rispondere da uno spazio fondato, siamo in grado di colmare il divario tra persone di razza, religione, esperienze e background diversi.

Essere unapologetic ci permette di essere aperti in un modo completamente libero, non censurato e ricco di convinzione. Ci permette di sostenere quella voce e di farla arrivare in lungo e in largo, indipendentemente da ciò che pensano gli altri.

Sono totalmente stufa che le persone esprimano le loro preoccupazioni su un problema importante o su una sfida che stanno affrontando, solo per avere altre persone che poi:

A. Hanno bisogno di "essere all'altezza", esprimendo le proprie preoccupazioni come un modo per ignorare i sentimenti e le esperienze dell'altra persona. Hanno bisogno di avere ragione, invece di ascoltare ed essere aperti ad accogliere un punto di vista diverso.

B. Dicono "I tuoi pensieri creano la tua realtà" ed essenzialmente fanno provare vergogna aa quella persona per le difficoltà che sta attraversando. Da quando essere umani significa che tutto è sempre rose e fiori? Questa risposta è così incredibilmente priva di compassione.

C. Cercare di "risolvere" il problema senza chiedere se la persona è aperta a un consiglio o senza comprendere appieno la situazione.

Tutte queste risposte bloccano la capacità delle persone di essere veramente "stappate" e di esprimere le loro verità più profonde. Essere stappati senza vergogna significa essere in grado di esprimere la propria voce senza temere le reazioni altrui.

Come si fa a *stapparsi*? Prima di tutto, respirate. Dico sul serio. Respirate. La maggior parte delle persone vive in uno stato di iperstimolazione e iperattività, per cui non è consapevole delle proprie cause scatenanti e rimane bloccata nel proprio ego. Immaginate come sarebbe il mondo se potessimo rallentare. Inspirate ed espirate a lungo, più volte. La respirazione profonda stimola il sistema nervoso parasimpatico, che calma il battito cardiaco, rilassa i muscoli e concentra la mente.

In uno stato di radicamento, siamo in grado di *stappare* la nostra verità e non le nostre paure. E siamo in grado di abbassare le difese, ascoltare davvero e rispondere agli altri con gentilezza e intelligenza.

Permettetemi di condividere un esempio raccontandovi la storia di come vivo la mia vita da *stappata*. Sono sempre stata audace nel pensare, nel cercare la verità e nel lottare per i più deboli. Ma per la maggior parte della mia vita sono stata punita per essere me stessa. Punita per essermi distinta ed essere diversa. Mi vergognavo se ero troppo esplicita.

Il mio primo ricordo di aver detto la mia opinione e di non essermi tirato indietro risale all'undicesima classe, durante la lezione di studi sociali. Avevo fatto una presentazione ben documentata di un'ora sul perché ritengo che la prostituzione debba essere legalizzata. Avevo mostrato le prove di come tante donne innocenti e alcuni uomini finiscano per essere schiavi del sesso e di come le bande di motociclisti ne traggano profitto e commettano crimini. Ho condiviso come il controllo della prostituzione avrebbe ridotto i crimini, aiutato le vittime, ridotto gli abusi e ripulito dalla criminalità.

Trenta compagni di classe mi fecero a pezzi per tutta l'ora perché, a quanto sembrava, ero immorale e peccatrice. Ho mantenuto la mia posizione nonostante tutto l'odio. Ed ero orgogliosa di me stessa. Ero davvero "stappata"!

Più recentemente, ho prodotto il mio programma televisivo, *Cindy Uncorked*. Il primo argomento che abbiamo affrontato è stato il modo in cui i traumi si depositano nella vagina delle donne e causano depressione, ansia e ogni tipo di problema medico. Mi sono lasciata prendere la mano da qualcosa che metteva a disagio le persone. Centinaia di donne e alcuni uomini mi hanno mandato un'e-mail per dirmi che quell'episodio ha dato loro voce in una società che fa vergognare le persone per i loro problemi. Mi hanno detto che ha permesso loro di capire perché avevano avuto tanti aborti spontanei, sesso doloroso, endometriosi e altri problemi. Ha dato luce alla loro sofferenza... e ora hanno un percorso per guarire.

Ho anche ricevuto tonnellate di lettere di odio e persino una minaccia di morte, sostenendo che sono una peccatrice per aver parlato di "queste cose".

Grazie al mio coraggio di produrre un programma televisivo che affronta argomenti provocatori, ho avuto un'opportunità straordinaria: un contratto televisivo con una rete di lifestyle alternativo, e360tv, che ora mi porta su 186 milioni di schermi in tutto il mondo. Da allora, la mia carriera è in ascesa. Ho calcato i tappeti rossi, tra cui quello degli Oscar, e soprattutto ho *avuto un grande impatto grazie al mio essere stappata*!

È arrivato il momento di stappare anche voi. So che il pensiero può spaventare, ma dall'altra parte della paura, del soffocamento della voce e dell'obbligo di avere ragione, c'è la libertà. Uscire allo scoperto e condividere le vostre verità più profonde, pur accettando che gli altri non siano d'accordo, vi apre alla costruzione di una comunità di persone che vi ameranno e adoreranno per quello che siete. Essere *stappati* vi libererà dal conflitto e vi permetterà invece di capire il mondo in modo più olistico. Vi darà l'opportunità di servire voi stessi e più persone in modo profondamente soddisfacente.

Ho trascorso la maggior parte della mia vita oscillando tra *l'essere stappato* e il tacere, perché volevo essere amata e accettata. Mi sentivo come se stessi soffocando. Ero in guerra con la persona che sapevo di essere e con quella che si presentava falsamente al mondo. Era un incubo. Se non avessi imparato a stare nel mio potere di essere stappata, starei ancora soffocando. E non avrei raggiunto milioni di persone come sto facendo ora e non avrei avuto un impatto.

Quindi, "stappatevi". Sapete che è arrivato il momento. Vi garantisco che rimarrete stupiti dalla trasformazione che sperimenterete!

Unwavering:
incrollabile, irremovibile, incondizionabile.

UN SEI PRONTO AD ESSERE UNWAVERING?

12
AVERE FEDE

"La maggior parte dei brand è partita da una base forte e ha mantenuto una forte convinzione".

— Daymond John

Qualcuno sta aspettando te. Sì, te.

Non sta aspettando che voi forniate valore o contenuti; sta aspettando che vi presentiate autentici e vulnerabili, disposti a condividere storie che creino connessione, comunità, collaborazione e trasformazione positiva. Come avete imparato nell'ultimo capitolo, le storie sono potenti. Quando si tratta di raccontare storie, spesso si oltrepassa una linea sottile. Revisionare la vostra storia in modo che sia il ponte tra voi e il resto del mondo vi permetterà di costruire la vostra base e il vostro brand in modo inclusivo, con integrità e in modo da costruire la vostra influenza positiva.

Quando condividerete voi stessi con il mondo, le persone inizieranno a vedere chi siete. Si formeranno delle convinzioni in base a ciò che credete e a come *condividete* ciò che credete con il mondo. Queste percezioni si mescolano con le vostre convinzioni per creare il vostro brand.

Lo sviluppo non è sempre divertente. Questo capitolo tratta forse l'aspetto più impegnativo per diventare un oratore e un leader visionario: avere fede.

Perché la fede dovrebbe essere inserita in una sezione dedicata allo sviluppo di un oratore e di un leader? Proprio come il muscolo del *lasciar andare*, avere fede è qualcosa che deve essere praticato, spesso.

Inoltre, ho osservato un fenomeno controintuitivo. Più credete in voi stessi e, di conseguenza, avete la stessa fiducia negli altri, più le persone crederanno in voi, vi sosterranno e vi celebreranno.

La fede va contro la nostra intuizione pre-programmata per la sopravvivenza personale. L'ossessione per noi stessi si è amplificata in modo esponenziale con l'avvento delle piattaforme social media affamate di selfie. Persino il famoso algoritmo di Facebook è ossessionato da se stesso e sembra favorire le immagini con selfie sorridenti più di qualsiasi altro tipo di immagine.

Il problema, proprio come per la paura e la paranoia, è questo: Lo sviluppo di un brand personale e di un messaggio con cui intendete trasformare la vostra fetta di mondo, si scontra con molti ostacoli, in molte forme diverse. La vostra *fede* o muscolo *del credere* deve essere forte quando siete il messaggero *e* il messaggio, perché sarete messi alla prova a ogni passo.

Come speaker e leader, usate le parole e il vostro modo di essere per influenzare e ispirare il pubblico all'azione. Ancora più potente è ciò che si nasconde sotto le parole e le intenzioni: le vostre convinzioni.

IL POTERE DI TE

Sabato mattina, 4 giugno 2011, ero a casa, seduto a letto, e mi aggiornavo sulle notizie del mondo sul mio computer portatile. Il mio cane, Galileo, era accoccolato accanto a me.

Era il primo sabato libero che avevo da mesi. Tra l'insegnamento e lo studio di yoga, la mia vita era piena di impegni. Conoscete già l'esito dello studio di yoga: nel settembre di quell'anno sarebbe fallito. Quello che non vi ho ancora raccontato è *l'evento principale*, se così si può dire, che sarebbe stato una delle più grandi prove di fede che abbia mai avuto.

Era una mattina di pioggia. Tempestosa, a dirla tutta. Per un colpo di fortuna (tra poco capirete perché), questo era il primo anno in cui avevo deciso, insieme alla mia compagna di scuola, di non partecipare al festival di strada locale, un evento importante che riuniva sempre la città. Facevamo spettacoli, avevamo uno stand, creavamo flash mob a sorpresa: era un evento che durava tutto il giorno, iniziava prima dell'alba e finiva a sera inoltrata.

Quel sabato ero a casa ed ero grato grato di avere una mattinata tranquilla.

Fu una tempesta terribile. Alle 10:38:49 (sì, il momento esatto l'ho appreso dopo il fatto), ho sentito un botto fortissimo. Sembrava un lampo e un tuono allo stesso tempo. All'inizio, non ci diedi molta importanza, ma notai che il mio portatile sembrava essersi bloccato.

Dieci giorni prima avevo affittato una stanza della mia casa a un vigile del fuoco. Anche lui non avrebbe dovuto essere in casa, ma all'improvviso lo sentii correre giù per le scale e uscire dalla porta principale. Pensai tra me e me: "È strano.... Non sapevo nemmeno che fosse in casa".

Pochi secondi dopo, rientrò e gridò su per le scale: "Ehi, Davide, hai un estintore?". Pensai che avesse bruciato dei toast o qualcosa del genere. Poi però aggiunse: "E dov'è la scala... e l'accesso alla soffitta?".

Saltai immediatamente giù dal letto e aprii la porta della mia camera. Posizionai la scaletta nell'armadio della mia camera da letto (dove si trovava il pannello di accesso alla soffitta) e gli indicai la direzione.

Immaginatevi un uomo di un metro e novanta con in mano un estintore portatile che sembrava essere grande quanto il suo pollice, in piedi su una scaletta a tre gradini, e sì, era l'immagine dello stereotipato modello di copertina del calendario annuale dei vigili del fuoco. La scena era davvero comica.

Si affacciò con la testa in soffitta e poi si accovacciò, con l'estintore ancora in mano, pronto all'azione, e disse: "Chiama il 911!".

Quando provai a chiedergli cosa stesse succedendo, mi interruppe rapidamente e disse: "Non fare domande! Chiama il 911 e dobbiamo tirare fuori la tua macchina dal garage!".

Chiamai il 911 e dissi, semplicemente: "Il mio tetto è in fiamme".

Presi Galileo e corsi giù per le scale. Quando stavamo per varcare la soglia della porta d'ingresso, sentivo già l'odore del fumo.

Misi Galileo in macchina, la portai fuori dal garage e la parcheggiai in strada. Poi io e il mio coinquilino dei vigili del fuoco portammo il mio scooter Vespa fuori dal garage sul marciapiede. Ricordo che mi disse: "Non dobbiamo lasciare nulla con del carburante nel garage".

Dopo quella che sembrò un'eternità, arrivò un'autopompa. Poi un'altra, e un'altra ancora, e anche una quarta.

A questo punto, mi trovavo dall'altra parte della strada, nel portico coperto dei vicini. Forse ero sotto shock, ma nella mia mente non riuscivo a capire il motivo di tutto questo trambusto. Poi vidi che aprivano il tetto con una motosega.

Ricordo chiaramente di aver scattato foto ogni due minuti mentre l'azione si svolgeva. Tuttavia, nella mia mente, tutto sarebbe andato bene. Voglio dire, le case nei sobborghi urbani non vanno a fuoco a causa di un temporale, no?

Il mio coinquilino era in piedi accanto a me quando suonò una sirena. Sembrava una sirena mai sentita prima. Mi girai verso di lui e gli chiesi: "Cosa significa?". Ricordo di aver visto il colore del suo viso scomparire. Non si voltò, non si mosse, la sua espressione non cambiò, ma riuscì a borbottare qualche volta: "Non possono salvare la casa.... Non possono salvarla.... Stanno evacuando...."

Poi, alle 11:29, tutto è stato avvolto da un denso fumo nero. Ogni finestra è saltata e i ventisette vigili del fuoco che stavano lavorando per contenere l'incendio hanno interrotto le loro attività e si sono allontanati dalla struttura.

Ricordo anche di aver visto due vigili del fuoco uscire di corsa dalla porta d'ingresso, da cui usciva ancora del denso fumo nero.

Cinque ore dopo, la mia casa non c'era più. Tutto quello che c'era all'interno era incenerito, i pavimenti erano instabili e il seminterrato avrebbe potuto essere una piscina, tanta era l'acqua presente.

Alle 17:00 ero da solo. La Croce Rossa era venuta ad offrire al mio coinquilino una stanza d'albergo e alcuni beni di prima necessità. Tutte le squadre di emergenza erano andate via, tutti i giornalisti, tutti i curiosi... tutti erano andati. Eravamo io e una guardia di sicurezza seduta nella sua auto dall'altra parte della strada. La casa era ancora in fiamme.

Dovevo fare una scelta. Annegarmi in cantina o andare avanti e chiamare qualcuno che mi aiutasse.

Non potevo sopportare il pensiero di lasciare Galileo indietro, così decisi di fare una telefonata. Non avevo idea di chi chiamare. Non volevo disturbare nessuno e, soprattutto, non avevo molti amici in zona.

Alla fine, decisi di chiamare la mia compagna istruttrice. Per qualche motivo, pensai che sarebbe stato opportuno aprire con una chiacchierata. "Come stai? Come va il fine settimana?" le chiesi. Lei iniziò a raccontare: "Wow, è stata una *giornata dura*! Abbiamo dovuto portare la mamma all'ospedale, quindi abbiamo passato la maggior parte della giornata lì e ora...".

La interruppi. "Kathy, oggi mi è andata a fuoco casa".

SEI UNA FORZA

Forse vi starete chiedendo come la storia della mia casa incendiata si inserisca in un libro che parla di come potenziare la vostra capacità di essere leader e speaker visionari e cosa abbia a che fare con lo sviluppo della vostra posizione, della vostra storia e della vostra unica base.

Quello che non vi ho detto nella storia è ciò che credevo (e sapevo essere vero) mentre guardavo la mia casa bruciare: avevo causato io l'incendio.

Mi spiego. All'indomani dell'incendio, il mio caso divenne piuttosto notevole. Fu stabilito che la mia casa era stata colpita da 13 kiloampere di fulmine. Molti investigatori, comprese le unità della Scientifica, vollero vederlo di persona. Non è normale avere una distruzione totale dell'edificio a causa di un fulmine.

Gli esperti continuavano a ripetermi che le probabilità erano scandalose. "Non ho mai visto nulla di simile in oltre trent'anni", commentò un investigatore.

Sapevo, tuttavia, di non essere il fortunato vincitore della lotteria dei fulmini. Nei sei mesi precedenti a quel sabato mattina, a causa della pressione dello studio di yoga in fallimento, avevo iniziato a sentirmi annegare. Ogni sera prima di andare a letto, ogni mattina al risveglio e praticamente in ogni momento di veglia, mi chiedevo come sarebbe stato ricominciare da capo... fare tabula rasa... ricominciare.

Avevo pregato per questo. Avevo creduto che, in qualche modo, le cose si sarebbero risolte da sole.

Naturalmente, mi ero dimenticato di specificare (ecco che il Signor Universo può essere un po' capriccioso e puntglioso) l'aspetto esatto di questo lavoro, quindi ho ottenuto esattamente ciò che avevo chiesto: un colpo di spugna.

Fu come un flashback della mia esperienza artica. Ancora una volta, stavo scoprendo che ero io il problema e, soprattutto, che i miei pensieri e le mie convinzioni erano estremamente potenti!

Se sono stato in grado di ottenere ciò che volevo (che in realtà non era affatto ciò che volevo) sulla base dei miei pensieri e delle mie convinzioni, cosa avrebbe potuto diventare possibile se avessi concentrato i miei pensieri e le mie convinzioni precisamente su ciò che volevo realizzare?

CHE COSA VUOI?

I pezzi del puzzle della vostra vita si incastrano tutti insieme, che ve ne rendiate conto o meno. Ho imparato che la pazienza, l'impegno radicale e la profonda convinzione sono gli ingredienti chiave per permettere ai pezzi del puzzle di unirsi così come sono stati progettati.

Dopo che la mia famiglia di nascita mi aveva disconosciuto nel 2009 e aver ridefinito la mia definizione di famiglia, iniziai a passare più tempo a trovare una persona che avevo conosciuto a Cayman Brac nel 1997. Anita era una brillante donna d'affari che viaggiava per il mondo facendo viaggi di formazione medica continua per medici che amavano anche le immersioni. Venni assunto dall'hotel in cui alloggiava il suo gruppo per creare e gestire un campo avventura per i figli dei medici subacquei.

Nel corso degli anni, Anita e suo marito Pete mi adottarono come fossi figlio loro. Li chiamo mamma e papà e vado a trovarli per le vacanze e per dei fine settimana improvvisati. Vivono in Arizona, il che rende San Diego a breve distanza, e io sono sempre stato attratto da San Diego.

Nel 1993, quando avevo sedici anni, avevo visitato San Diego durante una gita con la banda del liceo. Dopo un paio di giorni di viaggio, avevo dichiarato ad alta voce ai miei amici: "Un giorno vivrò qui".

Nel 2015 mi sentivo pronto a trovare l'amore. Sapevo anche che mi sarebbe piaciuto vivere in un clima più caldo. Spesso, quando andavo a trovare Anita e Pete, facevo dei viaggi in macchina a Las Vegas, Palm Springs e San Diego. Durante questo viaggio in particolare, nel 2015, decisi di cambiare la posizione del mio profilo di incontri online a San Diego, dopo averla visitata per un paio di giorni.

Nell'estate del 2015 ricevetti un messaggio da Heath, che viveva a San Diego. È stato il primo e unico messaggio che ho ricevuto da quando ho cambiato il mio profilo impostando San Diego come posizione.

Alla fine, ci saremmo sposati per un po'. E durante quel periodo abbiamo vissuto insieme a San Diego con Galileo.

Questa storia è iniziata nel 1993 con una dichiarazione coraggiosa. Credevo che *un giorno* avrei vissuto a San Diego.

Per fortuna, o per intervento divino, nel 1997 incontrai la donna che alla fine sarebbe diventata una famiglia surrogata per me.

Nel 2015, il mio desiderio e la mia convinzione di trovare qualcuno con cui condividere la mia vita si sono realizzati.

Tutti i pezzi si incastrano perfettamente. La base su cui poggiano i pezzi è la mia convinzione.

COSA CREDETE SIA POSSIBILE PER VOI?

Ecco un'ultima storia per mostrarvi quanto sia potente la convinzione e perché dovete diventare abbastanza vulnerabili da condividere ciò in cui credete con gli altri, se volete davvero guidarli alla scoperta della propria grandezza.

Il 2 dicembre 2016 ho partecipato all'evento annuale di Life on Fire, *Ignite*. Il primo giorno, mi sedetti per la prima volta con la donna che sarebbe diventata la mia coach, Jenn. Le chiesi, senza mezzi termini: "Se mi iscrivo a questo programma di coaching - e ti ricordo che non sono ancora residente negli Stati Uniti, quindi non posso nemmeno lavorare ufficialmente - funzionerà per me?".

Jenn mi ha fissato dritto negli occhi senza alcuna esitazione e mi ha rassicurato che, in base alle mie competenze e a ciò che portavo in tavola, sarei stata in grado di creare il mio successo con il supporto del suo programma di coaching.

Mi iscrissi. Non avevo la più pallida idea di come avrei potuto farcela, ma ci credevo e mi affidai alla fiducia in Jenn e Donna (Donna gestisce il programma ed è uno dei miei spiriti affini).

Il 7 dicembre 2016 ho ricevuto la mia *green card* – la cittadinanza statunitense - e da allora sono diventato una delle più grandi storie di successo di Life on Fire.

Non sono più intelligente, più esperto o più fortunato di chiunque altro. Semplicemente, mi impegno al massimo e *ci credo*, in modo ossessivo. Ci sono stati troppi casi nella mia vita in cui ho pregato e creduto in ciò che in realtà non volevo. Il mio fuoco mi ha insegnato a essere molto intenzionale con i miei pensieri e le mie convinzioni.

In qualità di speaker, leader, coach o mentore, non solo dovete avere un'estrema fiducia in ciò in cui credete, ma dovete anche traboccare di essa e credere negli altri. Io credo che voi siate già degli oratori o dei leader. Poiché ci credo, i miei clienti hanno successo e, cosa ancora più importante, credono in se stessi e danno la possibilità a un numero ancora maggiore di persone di crederci a loro volta.

Il leader di ogni nazione *crede*, indipendentemente dal fatto che siamo d'accordo o meno con la sua idea.

Ogni leader religioso *crede*.

Ogni grande speaker, artista, atleta e fondatore di un'azienda ci *crede*.

Daymond John credeva in FUBU al punto da avere l'audacia di perseguitare LL Cool J finché non avesse ha accettato di farsi fotografare con indosso un maglione con il brand sopra.

Il successo richiede convinzioni. La fase di sviluppo di un discorso o di una base di leadership metterà alla prova voi e le vostre convinzioni. Proprio come Walt Disney credeva in Disney World, Elon Musk credeva in Tesla e Gesù credeva nella sua visione di amore incondizionato, voi avete molto da guadagnare rimanendo fermi in ciò in cui credete. Più credete, più convincerete gli altri a credere in voi e in loro stessi.

Inoltre, è necessario ricordare che le persone di maggior successo sono quelle che si arrendono *anche* alle convinzioni altrui, quando è necessario.

Persone come Walt Disney, Elon Musk, Madre Teresa e Oprah Winfrey non avrebbero mai potuto realizzare tutto da soli; hanno dovuto credere nel team di esperti che hanno costruito intorno a loro.

Non avevo idea di come avrei potuto ricostruire un'attività da zero quando sono immigrato in questo Paese, nonostante i miei precedenti successi. Ma Jenn ha creduto in me.

A diciannove anni non sapevo di poter scrivere un musical, ma i miei mentori, il signor Gorman e il signor Tos, hanno creduto in me.

Quando ho iniziato a scrivere questo libro, ho contattato sia il signor Gorman che il signor Tos. Quando l'ho fatto, Brian Tos mi ha detto: "Ho visto un giovane talento musicale che meritava di avere opportunità per espandere il suo orizzonte. Sean Gorman mi ha dato la possibilità di riunire te e un gruppo di altri giovani di talento e di condurli a quella che ancora oggi ritengo la più grande esperienza musicale liceale a cui abbia mai partecipato".

Abbiate una forte fiducia in voi stessi e capite quando arrendervi e prendere in prestito la fiducia di coloro che vedono e sostengono la vostra visione. Quando lo farete, le benedizioni e le onde create cresceranno in modo esponenziale.

Cosa credi sia possibile per te nel tuo lavoro o nella tua vita? Fai un brainstorming dei tuoi risultati più audaci e notevoli. Sii specifico.

A cosa dovrai credere specificamente, nel lungo periodo, per dare vita a questo risultato?

Come puoi iniziare a programmarti in modo da crederci? (Per esempio, ho impostato la sveglia del mio telefono in modo che suoni da cinque a dieci volte al giorno. Ogni volta che suona, recito ciò che voglio credere di me stesso).

Di quale supporto avrai bisogno per mantenerti in carreggiata quando le tue convinzioni saranno messe in discussione?

UNWAVERING

DI DANIELE ALAN-CARTER

Daniele Alan-Carter, Mantovano all'estero, è un cantante, attore e creator.

All'età di 8 anni rimasi folgorato dal teatro, grazie ad una replica di "Madama Butterfly" di Giacomo Puccini.

Le immagini, i colori, gli odori e le emozioni che provai quella sera di 23 anni fa, sono ancora estremamente vivide in me. Considero quel giorno come un momento estremamente fortunato e cruciale della mia vita, poiché mi donò l'occasione di identificare la mia passione più grande. In quell'istante, ovviamente, non riuscii a processare il tutto come un evento epocale, sapevo solo di voler replicare quello che avevo sperimentato: volevo cantare, diventare altro rispetto a me e raccontare storie meravigliose e dense di emozioni ad un pubblico, per permettere ad altri di sentirsi così colmi di vita e di emozioni come era successo a me quella sera.

In quel momento, decisi che DOVEVO fare della performance artistica la mia vita, perché mi dava vita e gioia più di qualsiasi altra cosa.

E così, senza dovermi convincere che potevo farlo, SAPEVO di poterlo fare. E fu proprio grazie a quel fuoco indomabile che a 14 anni ricevetti il mio primo ingaggio: Giulietta e Romeo di Riccardo Cocciante, che poi mi portò a proseguire con una carriera internazionale come cantante e attore, tra musical theatre, teatro, cinema e musica. E quella prima esperienza, quella che avrebbe potuto essere soltanto una infatuazione fanciullesca, diventò una certezza.

Fino ad un certo punto della mia vita, sono sempre stato sorretto dalla passione e l'intuito; mi hanno spinto a proseguire la carriera artistica anche nella mia vita adulta, nonostante alcune figure intorno a me, come professori o amici, abbiano cercato di dissuadermi, perché non poteva essere un lavoro "vero". Una ragazza, che ai tempi del liceo reputavo una amica (eravamo cresciuti insieme), mi chiese cosa volessi fare una volta diplomato. Senza esitazione, le risposi di voler continuare a fare quello che già facevo da 4 anni: spettacolo, cantare, esplorare forme performative ed entrare in una scuola d'arte drammatica italiana o estera. Lei si limitò a guardarmi con uno sguardo di sufficienza e a dire: "che peccato". Naturalmente, ci rimasi male, ma come in tante altre occasioni non lasciai che l'opinione degli altri mi limitasse nei miei sogni. Ero un ragazzino estremamente timido e insicuro, ma quando si trattava della musica e dell'arte, diventavo incrollabile perché avevo fiducia nel mio istinto e nella mia passione.

Proprio come avvenne quando presi la decisione di trasferirmi all'estero: sentivo che avrei dovuto trasferirmi per raggiungere il mio pieno potenziale. Tanti colleghi e mentori provarono a dissuadermi, ma ancora una volta il mio intuito e la mia passione furono più forti di qualsiasi altra voce. Ero testardo nelle mie convinzioni.

Tuttavia, quella solida certezza che mi ha sempre spinto, è sembrata svanire una volta compiuti i 30 anni. Più cresco, più mi sembra di credere meno nelle mie capacità e qualità. Il giorno del mio trentesimo compleanno ho sentito come se un peso mi fosse caduto addosso. E per la prima volta in vita mia, mi sono sentito perso. Come una improvvisa realizzazione che il tempo, in effetti, passa davvero. Che non siamo eterni. E come se avessi la sensazione che per tanti traguardi e sogni, il tempo stava ormai scadendo.

Ed ecco che così sono entrato in un vortice di dubbi e incertezze, così profondo che a volte non riuscivo nemmeno a respirare. Posso veramente definirmi un attore se non ho ancora ottenuto la fama? Posso definirmi un cantante se non ho dischi di platino appesi alla parete? Non dovrei smettere e trovarmi un "lavoro vero"? Come quantifico se sono "di successo"?

In quel periodo ho affrontato la lettura di un libro che mi ha aiutato a rispondere a quelle domande: "Ikigai: The Japanese Secret to a Long and Happy Life" di Francesc Miralles e Hector Garcia. Il punto fondamentale del libro è mostrare come nella cultura orientale si coltivi il concetto del PERCHÉ uno esista, del trovare quel motore personale che fa sì che ogni giorno ci alziamo dal letto e a cui possiamo aggrapparci quando tutto sembra perduto. Che ogni azione e scelta presa rifletta quel PERCHÉ, quella ragione per la quale decidiamo di continuare ad esistere.

Così, dal sapere non soltanto COSA volessi fare della mia vita e COSA mi desse la spinta quotidiana, provai ad andare più a fondo chiedendomi: PERCHÉ ho deciso di fare quello che faccio? Perché rinnovo quotidianamente la decisione di inseguire una vita segnata da una costante instabilità economica, sentimentale ed emotiva? Il successo della mia professione si limita veramente solo alla celebrità? Davvero metto così tanto in gioco, per dei simboli di successo? Per dei numeri, per il riconoscimento, per soddisfare l'ego, per dei premi?

E allora mi sono reso conto che intrattenere, nelle diverse forme in cui fino ad ora ho avuto modo di sperimentare, non è solo una passione di per sé, ma si attacca, nutrendoli, ad altri valori personali che mi fanno sentire umano e parte del mondo. Mi sento utile nell'utilizzare delle qualità che ho coltivato e perfezionato per anni, mi sento di servizio nel sapere che contribuisco al divertimento e benessere psicologico ed emotivo di un pubblico, mi sento importante e parte del genere umano nel poter veicolare e condividere tematiche che possano far riflettere su se stessi e sul mondo a chiunque assista ad una performance. Questa professione mi ha spronato a dover sviluppare tanti punti di vista differenti su un medesimo oggetto, senza giudizio, e mi ha aiutato a coltivare empatia, sensibilità, gioia e la connessione con il mio mondo interiore che, spero, chi assiste ad una mia performance percepisca e possa a sua volta esplorare.

Quindi è stata la consapevolezza non solo di COSA mi muove nel mondo, ma soprattutto del PERCHÈ mi muovo, che mi ha permesso, anche nei giorni dove alzarsi a bere un bicchiere d'acqua sembrava la cosa più difficile del mondo, di continuare per la mia strada, ritrovando sempre quelle convinzioni e quella spinta che a volte perdiamo, messe alla prova dalla vita e da chi ci circonda.

Grazie a questo viaggio interiore necessario, sono riuscito ogni volta a ritrovare me stesso e non mi è mai sembrato di sentirmi completamente perduto. Grazie a questo viaggio, ogni giorno mi sento vivo e ho scoperto cosa significa essere UNWAVERING.

PARTE III

TRASMETTERE LA TUA VISIONE

Unquiet:
irrequieto, non-silenzioso, rumoroso, eccitato, inquieto.

UN SEI PRONTO AD ESSERE UNQUIET?

DIRE LA PROPRIA VERITÀ

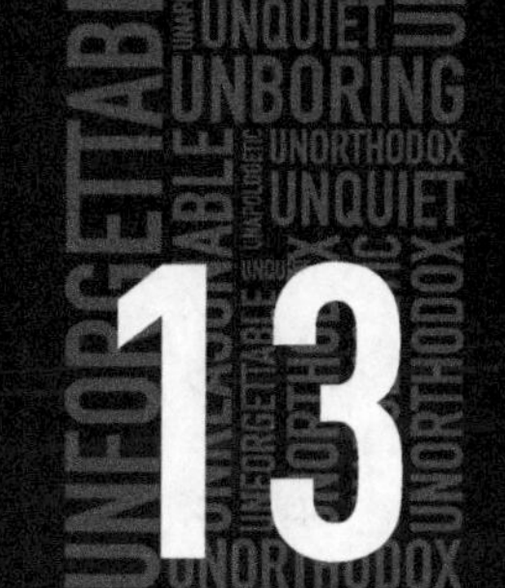

"Dire la propria verità è lo strumento più potente che tutti noi abbiamo".

— Oprah Winfrey

È ora di passare all'azione. Le prime due sezioni di questo libro si sono concentrate sulla scoperta e sullo sviluppo. È fondamentale capire che la scoperta e lo sviluppo richiedono tempo e sono una pratica che dura tutta la vita. Tuttavia, vi paralizzeranno se non sceglierete di trasmettere il vostro messaggio al mondo proprio in questo momento. Trasmettere la vostra visione basata su *chi* siete e su ciò in cui *credete* è l'obiettivo dei prossimi sette capitoli.

Ciò che credete è importante. Se credete di non essere abbastanza bravi, il vostro pubblico lo sentirà. Se credete di essere occupati, lo sentirete anche voi. Se credete di essere importanti, anche coloro che vi circondano sentiranno di esserlo. Che sia un fenomeno simile alla vibrazione empatica o che faccia parte del miracolo della vita, funziona e il mio augurio per voi è che crediate profondamente in voi stessi e nel lavoro che state facendo nel mondo.

Come ho illustrato nell'ultimo capitolo, credere è potente di per sé. Infatti, le vostre convinzioni spesso prevalgono sulle parole che pronunciate. Quello che ho riscontrato con tutti coloro con cui ho lavorato negli ultimi venticinque anni è che le convinzioni si rafforzano ulteriormente quando si inizia a parlarne.

Senza eccezioni, la più grande resistenza a parlare o a salire sotto i riflettori che sento è una qualche versione di "Non sono ancora pronto".

Prima ho detto che credo fermamente che voi siate già un oratore: siete arrivati al mondo come tali. Per che cosa esattamente non siete pronti?

Inoltre, senza eccezioni, tutti coloro che hanno lavorato con me e che si sono messi in gioco e hanno iniziato a parlare (bene, male, o in modo negativo) hanno ottenuto risultati.

Potete passare tutta la vita ad aspettare di essere pronti, oppure potete semplicemente iniziare a parlare. Il fatto è che quando siete seduti alla vostra scrivania o sulla vostra comoda poltrona a pensare al vostro messaggio, l'unico filtro che avete è voi stessi. Senza offesa, ma probabilmente siete il peggior filtro per le vostre idee; è così e basta.

Anche questo libro, se continuo a pensarci invece di scriverlo e condividerlo con il mondo, non avrà mai l'impatto che credo possa avere, se rimane nella mia testa.

SIETE PRONTI AD ESSERE INQUIETI E NON-ANONIMI

In che cosa credete? Quanto spesso lo condividete?

Chi siete? Quanto spesso condividete con gli altri chi siete veramente?

Che cosa state aspettando? Cosa vi trattiene dal condividere oggi ciò in cui credete con il mondo intero?

____

____

____

____

Ellen DeGeneres ha passato molto tempo a tacere su chi fosse veramente. Il suo personaggio televisivo era amato. Ma quando Ellen si è evoluta nella sua vita fuori onda, ha capito che doveva parlare e *diventare* più se stessa.

Dopo che Ellen ha fatto coming out nel suo show televisivo, la sua co-star Joely Fisher ha dichiarato a *Vanity Fair*: "Ho visto qualcuno alleggerirsi letteralmente nei suoi sentimenti e nelle sue vibrazioni. Era come un uccello in gabbia.... Ho visto un cambiamento nella sua andatura; ho visto un cambiamento nel modo in cui si portava".

Anche dopo che il mondo lo ha saputo, Ellen ha impiegato un bel po' di tempo per riuscire a parlarne o anche solo a pronunciare le parole "sono gay".

Posso sicuramente capire Ellen. Anche se ho deciso di iniziare a dire a tutti di essere gay nel 2009, non mi sentivo veramente a mio agio a parlarne fino a qualche anno dopo. Anche dopo essermi sposato, vivendo in una California abbastanza liberale, ho notato che non condividevo immediatamente e liberamente chi ero o cosa credevo - e questo è successo sei anni dopo!

Ci vuole tempo. Se pensate di iniziare subito a condividere le vostre idee e ciò in cui credete con sicurezza e di creare immediatamente l'impatto che immaginate di ottenere, rischiate di rimanere delusi.

La delusione che affrontano nuovi oratori e leader quando non sperimentano la proverbiale standing ovation e la convalida del loro messaggio, può indurli a rinunciare.

Immaginate se Ellen, dopo aver fatto coming out con il mondo (il solo episodio è stato visto più di 44 milioni di volte!) e un anno dopo essersi vista cancellato il suo show, si fosse arresa perché credeva che la gente non volesse ascoltare il suo messaggio. Ci saremmo persi tutta la comicità, la gioia, la gratitudine e le benedizioni che oggi Ellen modella nel suo talk show di grande successo.

TI ARRENDI TROPPO PRESTO

Essere inquieti e allo stesso tempo autentici con se stessi, con le proprie idee e con il proprio messaggio per il mondo richiede un impegno incrollabile e una fede cieca.

Quando iniziate, naturalmente non potete vedere già il traguardo, almeno non il risultato che si realizzerà effettivamente. Nonostante non si conosca l'esito esatto, bisogna trovare dentro di sé la forza di non lasciarsi turbare, di continuare a condividere il proprio messaggio.

E se non credete che il vostro messaggio venga ascoltato, che ne dite se invece di cambiare il messaggio cambiate il pubblico?

La cosa interessante che accade quando ci si impegna a condividere il proprio messaggio e le proprie idee (a prescindere da tutto) è che queste iniziano a crescere, a rafforzarsi e a diventare ancora più mirate.

Più parlate (anche a tu per tu) e più vi trovate in situazioni in cui scambiate con gli altri le vostre idee, più le vostre idee prenderanno vita.

La maggior parte delle persone, tuttavia, non parla intenzionalmente o abbastanza a lungo di ciò in cui crede per mantenersi in corsa per diventare il prossimo leader mondiale, speaker o visionario. Farete lo stesso errore?

LA TUA VERITÀ. LA TUA BASE.

Nel 2018, Oprah Winfrey è diventata la prima donna afroamericana a ritirare il premio Cecil B. DeMille ai Golden Globes. Ha lanciato un messaggio al mondo: raccontate la vostra storia perché anche voi potete fare la differenza.

Non è un segreto. La storia ci ha mostrato la verità più e più volte. Coloro che parlano e credono nella loro verità cambiano il mondo. Ora tocca a voi dire la vostra verità e sfruttare il potere di ciò in cui credete, per il bene del vostro pubblico che aspetta di ascoltarvi.

Dove puoi parlare discutere delle tue idee e di ciò in cui credi? (Indicare il gruppo di networking, il luogo, le opportunità, ecc.)

____

____

____

Cosa cercherà di impedirti di perseguire le suddette opportunità?

____

____

____

Come pensi di superare gli ostacoli che hai individuato sopra?

____

____

____

UNQUIET

DI CARMENZA DAVID

Carmenza David mette in contatto le persone con la vostra attività.

Per me, essere *unquiet* significa dire la mia opinione quando fa una differenza positiva per le persone coinvolte. Finché le mie parole sono sincere, amorevoli, vulnerabili e gentili, curiose, solidali, inclusive e divertenti, compassionevoli e motivanti mentre le esprimo, significa che sono libera di dare e ricevere. Significa che sto onorando il mio vero *Io*. Significa che sto tenendo me stessa in alto, il che, a sua volta, mi permetterà di tenere gli altri nello stesso modo.

Essere *inquieti* significa assumersi la responsabilità delle proprie azioni, chiedere aiuto, essere un membro attivo della propria comunità, essere un leader, fare la differenza, parlare ogni giorno con gratitudine, ascoltare gli altri, ascoltare se stessi e la propria anima.

Voglio che gli altri siano *irrequieti* con i loro sentimenti, che siano *reattivi* e *rumorosi* con i loro cari, che siano eccitati nel contare le loro benedizioni e i loro doni interiori.

Ho imparato a essere inquieta da bambina. Sono la sesta di una famiglia di sette figli, quindi l'inquietudine era il modo in cui affrontavo la vita in famiglia. Se non parlavo, nessuno mi notava. Fin da piccola ho usato la mia voce per farmi sentire, per farmi vedere, per essere me stessa.

Essere *inquieta* è una mia scelta e rappresenta ciò che sono veramente. Nessuno "dovrebbe" prendere in considerazione l'idea di essere o di abbracciare l'essere inquieto. Se sentite l'impulso, il bisogno di essere meno silenziosi, se sentite che si potrebbe dire di più, o se volete parlare con il cuore ma non siete sicuri, vi incoraggio a provare. Essere *rumorosi* è liberatorio, rinvigorente e potente!

Oggi ammiro coloro - come i membri del movimento "Me, Too" - che ora, meglio che mai, sono in grado di essere inquieti e di essere fedeli a se stessi.

Dopo tutti questi anni, sto ancora imparando a migliorare nell'essere inquieta. Il 2016 è stato per me un anno di completa trasformazione interiore. Ho "sperimentato" la differenza tra l'essere loquace e socievole e il connettersi con gli altri a un livello profondo e vulnerabile. Questo ha dato all'essere inquieto un significato completamente nuovo per me.

Non posso dire di aver cambiato il mondo, ma so che l'essere inquieta ha giovato a me e ad altre persone della mia vita, e anche a chi non fa necessariamente parte della mia vita.

Se non fossi inquieta, probabilmente non sarei io. Non riesco a immaginare, e nemmeno a chiedermi, cosa o chi sarei altrimenti. Non c'è altra possibilità. Essere inquieta è ciò che sono.

Unboring:
non-noioso, eccitante, non-banale.

UN SEI PRONTO AD ESSERE UNBORING?

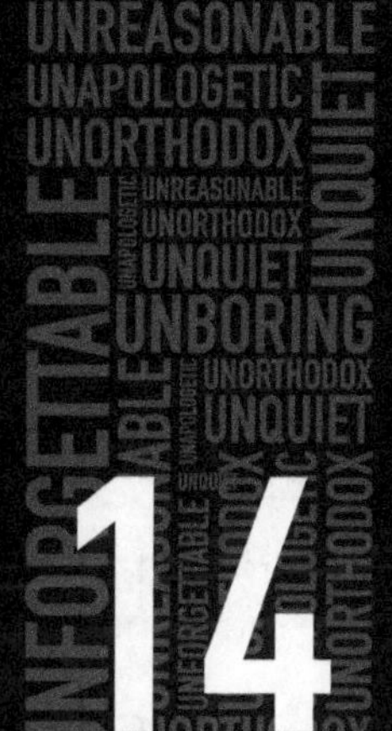

14 DICHIARARE LA PROPRIA POSIZIONE

"Ho già vissuto una vita così grande e fantastica, ma c'è ancora molto da fare".

— Katy Perry

Nel capitolo precedente, vi ho incoraggiati a farvi avanti, ad alzare la voce e a non permettere che nessun ostacolo vi impedisca di parlare di ciò in cui credete, ora.

Uno dei motivi per cui sono ossessionato dal lavorare con persone *on-purpose* come voi, focalizzate sull'obiettivo, persone che hanno in mente qualcosa di più grande dell'aumento del loro reddito, è che ho visto tante persone incredibilmente intelligenti e di successo salire su un palco o davanti a una telecamera ed essere assolutamente noiose e incapaci di trasmettere le loro idee in modo da coinvolgere gli altri nelle loro cause.

Mi sto battendo per far sì che tu non sia noioso. Ho passato la mia intera vita a studiare e ad apprendere come padroneggiare questo aspetto. Questo capitolo e il prossimo si concentreranno sull'atto fisico di presentarsi in pubblico e sul fattore X che c'è sotto.

In primo luogo, esploreremo l'aspetto pratico del parlare e del condurre appropriatamente una presentazione.

DEVI ESSERE PRESENTE DOVE TI TROVI (ED È UNA SCELTA)

Sostanzialmente, le persone sono sempre intente a guardare chi parla. Sarete presenti quando guarderanno voi?

Ricordate che, se le parole sono potenti, le vostre azioni (chi siete in quel momento) sono ancor più potenti e influenti.

È fin troppo frequente, nei discorsi e nella leadership, che lo speaker/il leader del momento appaia solo quando è il suo momento, quando i riflettori sono puntati su di lui. E poi sparisce.

Alcuni si sforzano di apparire in altri momenti, ma si tratta ovviamente di apparizioni sommarie e quasi forzate. Si vede che sono in giro a *"stringere mani e a baciare in testa qualche bambino" come un politico durante un convegno.*

Nella scuola in cui sono stato insegnante per quasi un decennio, preparai il programma di arti sceniche *essendo presente*. Anzi, direi che io e la mia collega, Kathy, abbiamo dovuto diventare quasi onnipresenti. Eravamo entrambi impegnati con gli studenti e disponibili per loro. Il risultato è stato un programma che è cresciuto rapidamente e ha fatto crescere studenti leader che hanno influenzato e ispirato il cambiamento negli altri.

Abbiamo mostrato a quegli studenti cosa significa essere un leader.

La prima cosa che abbiamo fatto quando ci siamo presentati è stato dedicare a loro, i nostri studenti, una standing ovation.

PRIMA DELLA STANDING OVATION

In tutti gli anni in cui ho lavorato con artisti, presentatori, speaker e leader, ho avuto modo di assistere a molte standing ovation. Così, ho potuto anche osservare come in molte occasioni le standing ovation non si sono verificate. Ma è possibile fare in modo che accada?

L'errore comune è pensare che la standing ovation avvenga alla fine del vostro intervento. In teatro, non avevo certo il lusso di poter aspettare le standing ovation, ma dovevo crearle io stesso. Ecco cosa ho imparato.

La standing ovation è qualcosa che richiede tempo per essere prodotta. Il fatto che si verifichi o meno è determinato dal momento in cui si "prende il microfono".

Se volete aumentare le possibilità di creare un'esperienza che commuova il pubblico, dove presentarvi *come una standing ovation* per il vostro pubblico. È così semplice.

In pratica, presentarsi come una standing ovation significa avere l'energia di *chi sta facendo* una standing ovation quando si entra in scena. Sì, *vi presentate* come la persona che sta facendo una standing ovation per il pubblico. Fate scrivere l'introduzione come speaker in modo che sia edificante nei vostri riguardi e crei una connessione iniziale con il pubblico. Includete sia riconoscimenti professionali sia punti più personali/umani per creare questo legame. Ad esempio, potete menzionare il luogo in cui siete cresciuti, dove avete frequentato la scuola, dove vivete ora, con chi, gli animali domestici, cosa amate fare quando non lavorate. Tutti questi dettagli vi rendono più accessibili e reali al vostro pubblico.

Mentre aspettate di salire sul palco, ascoltate la presentazione e immaginate che ogni membro del pubblico abbia fatto delle ricerche su di voi e abbia scritto quella presentazione. Immaginate che ogni membro del pubblico sia la persona che vi sta introducendo.

Quando salite sul palco, dovete avere l'energia della *gratitudine celebrativa.* Rendete omaggio ai membri del vostro pubblico e presentatevi come se foste riconoscenti per il modo in cui vi stanno dedicando la loro attenzione e il loro apprezzamento con i loro applausi e la vostra presentazione.

Non auto-introducetevi mai da soli e non lasciate mai che la vostra introduzione sia casuale. Scrivetela e consegnatela all'organizzatore o alla persona che vi presenterà e chiedetegli di leggerla.

Non lasciate mai che le prime parole che pronunciate dal palco siano: "Grazie. È fantastico essere qui". Quando è opportuno, dovete invece spostare l'attenzione su di loro. Mostrate apprezzamento per l'evento stesso, celebrate gli organizzatori e il pubblico per la loro energia. Se vi arrivati in anticipo all'evento e avrete incontrato alcuni membri del pubblico: ringraziateli e apprezzatene la presenza.

Nella maggior parte dei casi, vi consiglio di iniziare il vostro discorso come previsto. Voi e l'argomento siete già stati introdotti, quindi immaginate quanto possa essere noioso per i membri del pubblico che hanno già assistito a diversi speaker o a diverse giornate di oratori e presentazioni, in cui tutti iniziano allo stesso modo. Iniziate e basta: stanno aspettando che voi esprimiate la vostra visione.

La cosa migliore che si possa fare quando si ha un discorso di qualsiasi tipo da dover affrontare, è arrivare in anticipo e farsi notare. Una lezione che ho imparato viaggiando per il mondo e insegnando ai giovani è che la cosa che le persone vogliono di più da voi è il vostro tempo e la vostra attenzione. Non c'è niente di più importante che capire e ascoltare realmente il vostro pubblico. Arrivare presto e, naturalmente, rimanere dopo la presentazione, è il modo più semplice non solo per entrare in contatto con il pubblico, ma anche per attirare altre opportunità. Le persone del vostro pubblico vorranno coinvolgervi per parlare e guidare i loro gruppi. Arrivare presto e rimanere fino a tardi vi permetterà di scoprire queste opportunità e di costruire relazioni che daranno frutti nel tempo.

Arrivare presto e rimanere fino a tardi, che ci crediate o no, è anche un'ottima merce di scambio quando si tratta di negoziare gli ingaggi per i discorsi. Quando vi mettete in contatto personalmente con gli organizzatori dell'evento o con il comitato, se dite che arriverete presto per conoscere il pubblico, resterete fino a tardi per firmare i libri o rispondere alle domande e parteciperete a una cena o a un pranzo speciale, vi distinguerete dalla stragrande maggioranza degli speaker che sono interessati solo ad andare e tornare.

Il mondo della performance (parlare, essere leader ed esibirsi) è in gran parte guidato dall'ego. L'ego è l'assassino della collaborazione e della comunità. Allontana il pubblico e alimenta l'ego. Gli speaker e i leader che prosperano sull'ego sono quelli che credono di essere l'attrazione principale e fanno sì che tutti lo sappiano. Credono che ciò che hanno da offrire sia prezioso (per saperne di più sul valore, l'argomento viene approfondito nel Capitolo 16) e che il loro tempo sia altrettanto prezioso, per cui si presentano come da contratto e poi vengono portati via dal loro assistente personale, prendono telefonate o sono visibilmente assenti dopo il loro intervento. Sono sicuro che tutti voi l'abbiate sperimentato in qualche modo.

TRE TIPI DI SPEAKER E LEADER

Ho osservato che esistono tre tipi di oratori (tra cui esecutori, presentatori e leader) e tre scuole di pensiero:

1. **I guru:** I guru fanno leva sul loro status di celebrità (reale, implicita o auto percepita) e sull'esclusività. Questi speaker sono convinti di avere un grande valore da trasmettere al pubblico. Possono essere alcune delle personalità più difficili da trattare e spesso sono le più costose e/o esigenti. Possono arrivare con un entourage e, in genere, non sono presenti al di fuori di quanto negoziato nel contratto di partecipazione.

2. **Mercenari:** I mercenari credono di essere eterni servitori. "È tutta una questione di pubblico". Alcuni mercenari sono in realtà dei guru sotto mentite spoglie che hanno capito che è un buon marketing dire che è tutto per il pubblico e che loro sono lì per servire, dare di più e fare da tramite per il successo degli altri. Alcuni mercenari sono genuini nelle loro intenzioni (in questo caso rifuggono dai riconoscimenti e non ricevono facilmente standing ovation), mentre altri sono solo dei bravi marketer che pensano che far parlare di sé conquisti il favore degli altri.

3. **Ambasciatori:** Gli ambasciatori comprendono che parlare e condurre è un ecosistema: c'è un equilibrio. La loro presenza e il loro messaggio sono importanti quanto il pubblico e ciò in cui credono. Gli ambasciatori mostrano al pubblico come ci si sente a fare un passo verso la luce, la fanno risplendere sugli altri e danno potere e invitano gli altri a condividerla. Allo stesso tempo, ricevono con classe ed eleganza. Gli ambasciatori hanno conoscenza, saggezza e grande umiltà, e guidano gli altri con il loro stesso esempio.

A questo punto avrete probabilmente capito che tipo di speaker o leader dovreste essere: l'ambasciatore. È questo che vi permetterà di presentarvi al meglio e di entrare in contatto con il vostro pubblico.

SIETE GIÀ OSSERVATI E ASCOLTATI

Che ne siate consapevoli o meno, le persone vi osservano e vi valutano in continuazione. Dalla vostra presenza sui social media all'interazione estemporanea che potete avere con qualcuno al supermercato, quando decidete di mettervi sotto i riflettori e diventare ambasciatori di un'idea, vivete una vita pubblica.

L'ultimo giorno del Teachers College, ho assistito a una presentazione intitolata "Vita da Insegnante". L'unica cosa di quella presentazione che mi è rimasta impressa nella memoria è stata l'affermazione: "Nel momento in cui uscirete da questa sala, la vostra vita non sarà più la stessa. Ora sei un insegnante e sarai osservato e giudicato in modo diverso. Devi *essere* un insegnante anche in pubblico. Devi vestirti e comportarti in un certo modo. Quando esci da questa sala, rinunci alla tua vita normale".

Ogni cellula del mio corpo stava reagendo. Credo di essermi persino girato verso il mio amico e di avergli detto: "Non avevo firmato per questo... si può avere un rimborso?".

Non sopportavo l'idea di dover interpretare un personaggio nel momento in cui uscivo di casa. Mi sembrava falso e non genuino.

Naturalmente, il me stesso unapologetic decise che il modo migliore per andare avanti era semplicemente quello di essere un uomo integro e di essere *me stesso* ovunque. Sono arrivato al punto di dire ai miei studenti, il primo giorno di lezione, che mi sarei sentito profondamente offeso se mi avessero visto in giro e mi avessero ignorato. Certo, non volevo necessariamente discutere della scuola al di fuori di essa, ma non volevo nemmeno che pensassero che dentro l'aula fossi una persona diversa rispetto a come ero.

Iscrivendomi per diventare insegnante, avevo deciso di essere un leader. I leader guidano, gli speaker parlano e sono coerenti nel loro impegno per le loro cause.

Come leader nel tuo settore, su cosa sei focalizzato maggiormente?

____

____

____

Chi devi essere per guidare e ispirare gli altri?

____

____

____

PRESENTATI DOVE SEI

È una lezione che ho imparato a mie spese, più volte. Scappando da me stesso quando andavo al liceo, fuggendo nell'Artico e persino organizzando il mio fan club femminile personale all'asilo, mi sono *presentato*, ero sempre presente. *Essere presenti* non riguarda solo l'atto fisico, ma anche i pensieri, le convinzioni e i sentimenti. In altre parole, potete scegliere di essere presenti per gli altri e per voi stessi in qualsiasi momento.

Nel ruolo di oratore, leader e ambasciatore, essere presenti pienamente e con integrità (dove per integrità si intende essere in linea con ciò che si dice di voler fare o essere) è l'ingrediente chiave per creare momenti di standing ovation.

Quando ci si presenta in modo non omologato, la trasformazione è possibile. Steve Jobs lo aveva capito e, di conseguenza, la sua eredità continua a trasformare le persone e il suo settore. Si è impegnato a essere l'ambasciatore del suo marchio e del suo credo: *Think Different*.

I leader che creano impatto credono anche che ci sia sempre di più. Non c'è un *arrivo*. C'è solo un altro viaggio. Katy Perry, probabilmente, dispone di abbastanza soldi per ritirarsi, se volesse. Ma il suo impegno in ciò che crede e nel modo in cui lo esprime le dà l'ispirazione per andare avanti in una continua scoperta e in un a costante evoluzione. E i suoi fan e follower ricevono le benedizioni del suo credo e della sua continua espansione.

Celebrate dove siete stati. Celebrate dove siete ora. Celebrate dove state andando.

Come puoi incorporare altre cose da celebrare nel modo in cui sei presente e in cui ti presenti a te stesso e agli altri?

____

____

____

Che effetto avrà questo cambiamento su di te e sugli altri?

____

____

____

Cosa stai celebrando in questo momento?

____

____

____

____

____

UNBORING

DI VANESSA SHAW

Vanessa Shaw è una business coach, un'appassionata di crescita personale e una speaker, tutto in uno!

Per me, essere non-noiosi, *unboring*, significa vivere una vita che sia eccitante e straordinaria. Non si tratta di accettare lo status quo o la mediocrità, ma piuttosto di cercare costantemente di migliorare me stessa, il valore che apporto al mondo e le esperienze di vita che scelgo di vivere.

L'idea di essere *unboring* mi ha colpita all'inizio dei miei quarant'anni. Stavo ottenendo un buon livello di successo nella mia attività e stavo facendo da coach ai migliori avvocati di un importante studio legale europeo su come portare le loro attività e le loro vite al livello successivo. Queste conversazioni si sono rapidamente trasformate in loro che esprimevano il desiderio di maggiori sfide e nuove esperienze nella loro vita personale e professionale. Mentre li guidavo a superare i loro limiti e a raggiungere il loro prossimo livello di successo, ho dovuto dare un'occhiata fredda e severa alla mia vita e ai miei obiettivi ed essere brutalmente onesta: non solo mi stavo limitando, ma la mia vita era diventata molto prevedibile e noiosa.

Ero felicemente sposata, con due figli, due auto, due animali domestici e una casa con quattro camere da letto. Non c'era nulla di intrinsecamente sbagliato in tutto questo, solo che sentivo di vivere la quintessenza della classe media con cui ero stato cresciuta.

Quando mi diedi il permesso di esplorare ciò che mi mancava, mi resi conto che la mia vita non mi sembrava avventurosa, non ero entusiasta del futuro ed ero diventata una versione molto insipida, blanda, di me stessa.

Questa consapevolezza mi spinse a scavare più a fondo nei miei desideri e a scoprire che ciò che volevo veramente era lasciare la Svizzera, dove vivevo da quasi ventuno anni, e inseguire il mio sogno di trasferirmi negli Stati Uniti.

A quel punto, stravolsi letteralmente la mia vita. Dovetti chiudere la mia attività, far lasciare ai miei figli le scuole in cui erano stati per anni, vendere la casa e prepararmi a restare lontana da mio marito per i due anni successivi, mentre preparavo la nostra nuova vita negli Stati Uniti. Mio marito mi avrebbe raggiunta due anni dopo, una volta terminata la sua carriera alle Nazioni Unite.

Dopo undici mesi dalla decisione di trasferirmi negli Stati Uniti, sbarcai infine a Scottsdale, in Arizona, nel bel mezzo di una caldissima estate! Nei quattro anni successivi, perseguii il mio sogno di far crescere la mia attività e sono giunta ora ad avere un brand a sette cifre che serve centinaia di imprenditori in diversi Stati.

È stato un onore per me aiutare tanti miei clienti a superare le loro convinzioni limitanti su chi pensano di dover essere nel mondo, in modo da poter diventare le persone che vogliono davvero essere nel profondo. Una volta che questo cambiamento si verifica, i clienti diventano unapologetic rispetto chi sono, a ciò che vogliono e al modo in cui si presentano al mondo. E a questo, seguono sempre dei risultati positivi!

Personalmente, l'impegno ad essere *unboring* mi ha permesso di costruire un brand attorno alla tag-line "Be Bold. Play Bigger" ("Sii Coraggioso. Punta in Alto"). I miei clienti si aspettano che io sia un modello di comportamento unboring e di presentarmi in modo diverso rispetto agli altri. Questo, a sua volta, consente loro di brillare di più e di pretendere di più da se stessi e dalle persone a cui prestano servizio. In definitiva, essere *unboring* è stato un vantaggio per me e per tutti coloro che ho avuto il privilegio di assistere. È semplicemente troppo monotono e noioso vivere la vita in un qualsiasi altro modo.

Unforgettable:
indimenticabile, restare impressi, indelebile.

UN SEI PRONTO AD ESSERE UNFORGETTABLE?

DIVENTARE INDIMENTICABILI

"Niente rafforza l'autorità quanto il silenzio".

— Leonardo Da Vinci

Creare un impatto sul mondo richiede il coraggio e la vulnerabilità di *presentarsi*. Impegnarsi in ciò in cui si crede, unapologetically, è utilissimo per costruire la propria base, sviluppare il proprio brand, diffondere il proprio messaggio e missione. Quando scegliete di presentarvi, come discusso nell'ultimo capitolo, il risultato sarà sempre una crescita e un'evoluzione di chi siete, di come vi relazionate con il mondo e di come il mondo si relaziona con voi.

In uno dei primi capitoli, ho raccontato che, originariamente, parte del mio brand era costituito dalla parola e dall'idea di essere "*indimenticabile*". Anche se oggi "indimenticabile" non è il fattore dominante, è comunque un fattore importante e un argomento che le persone chiedono sempre. In questo capitolo analizzeremo come fare in modo di diventare indimenticabili come oratori e leader.

IL DOMINIO AFFETTIVO DELL'APPRENDIMENTO

Non è un segreto che l'emozione giochi un ruolo fondamentale nel modo in cui le persone prendono le decisioni. È il motivo per cui lo storytelling è diventato un tema così caldo per speaker e leader.

Creare un ambiente che susciti emozioni specifiche non è sempre la cosa più semplice. Lo scenario ideale è creare ed offrire un'esperienza che porti il pubblico a dire (e a sentire) "*Wow!*".

Ecco la vera realtà del creare esperienze "*Wow*":

- Il "wow" non è il vostro contenuto.
- Il "wow" è una sensazione.

Il vero segreto sta nel saper mantere l'emozione creata dalla presentazione o dall'apparizione iniziale.

Nel Capitolo 10 ho delineato i sei livelli del dominio cognitivo dell'apprendimento. Abbiamo imparato che ricordare è la funzione più bassa, mentre creare è la funzione più alta della parte *pensante* del cervello.

La parte emotiva del cervello è il dominio affettivo. La ricezione della conoscenza si colloca al livello più basso del dominio affettivo.

La comprensione del dominio affettivo è il biglietto per il "*wow!*". Esistono cinque livelli di coinvolgimento emotivo:

1. Ricezione
2. Risposta
3. Valutazione
4. Organizzazione
5. Interiorizzazione

In questa sezione analizzeremo ciascuno di essi.

Ricevere: Il processo del *parlare* può sembrare ovvio: voi, in qualità di oratori o leader, avete delle informazioni da fornire e il vostro pubblico le riceverà. Tuttavia, è importante considerare che la vera *ricezione* avviene quando c'è un accordo o una volontà di ricevere. A meno che lo scopo del vostro discorso o seminario non sia quello di tranquillizzare il pubblico con la vostra voce, la vera ricezione delle vostre informazioni è un fattore critico per il vostro successo una volta scesi dal palco.

Stabilite uno spazio in cui creare un accordo con il vostro pubblico. Chiedete immediatamente e apertamente un accordo con il pubblico e la sua attenzione (cosa che può essere appropriata, a seconda del pubblico), potete farlo con un'apertura così forte e avvincente che le persone non avranno altra scelta che ascoltare e farsi coinvolgere. È assolutamente fondamentale che l'apertura - il momento in cui salite sul palco – sia attentamente studiata e piena di energia (non necessariamente alta, ma concentrata).

Far sì che il pubblico "riceva" è il livello più basso di coinvolgimento quando si tratta di emozioni, ma se non si riesce a dirigere e mantenere l'attenzione, la strada per coinvolgere qualcuno ad un livello più profondo è solo in salita.

Risposta: Il livello successivo di coinvolgimento emotivo consiste nell'incoraggiare la partecipazione attiva attraverso la *risposta*. È necessario fornire l'opportunità di rispondere. Oltre allo scenario più ovvio di far alzare la mano o gridare qualcosa di accattivante, pensate di creare l'opportunità per i vostri interlocutori di rispondere a ciò che hanno ricevuto tramite un sondaggio, oppure ad offrirsi come esempio (può essere facile e veloce se lo progettate) o a partecipare ad una sfida con il pubblico. La partecipazione attiva richiede un livello di investimento più elevato da parte del pubblico rispetto alla semplice ricezione di informazioni (che può avvenire mentre si messaggia, si twitta e si scattano selfie - purtroppo, ho visto tutto questo durante presentazioni e conferenze. Sono sicuro che anche voi abbiate visto lo stesso).

Quando date alle persone del vostro pubblico l'opportunità di rispondere a ciò che ricevono, state iniziando già a richiedere e incoraggiare un livello più profondo (e di maggiore impatto) di coinvolgimento personale, un coinvolgimento affettivo.

Ora, una parola sulla capacità di suscitare risposte. Se dovete fare una domanda, fatela in modo eccellente *e* aspettate una risposta/reazione autentica.

Troppo spesso gli speaker (soprattutto quelli formati in PNL – Programmazione Neuro-Linguistica) pongono domande che mirano a coinvolgere il pubblico, ma passano così velocemente alle risposte che è palese non siano realmente interessati alla risposta. Se state chiedendo una risposta, aspettatela; siate *presenti* con i vostri interlocutori e rispondete in modo appropriato alle loro reazioni!

Valorizzare: Sollecitare la partecipazione del pubblico *non* significa aggiungere valore. Per far sì che qualcuno dia valore a qualcosa, dovete avere un modo per misurare l'accettazione dell'idea che state condividendo e, se state davvero puntando all'effetto "wow", mostrare la prova che c'è un nuovo impegno come risultato delle vostre informazioni. Vi starete chiedendo: "Come?".

- Offrite al vostro pubblico l'opportunità di affrontare o risolvere problemi reali.
- Lasciate che delle coraggiose affermazioni si facciano strada.
- Incoraggiate il silenzio mentre le persone elaborano i concetti.
- Contestualizzate le vostre informazioni, la vostra storia, le vostre idee o i vostri insegnamenti in modo tale che il pubblico possa relazionarsi.
- Ricordate che *non si tratta* solo di voi, ma della vostra prospettiva su ciò che è prezioso per loro.
- In un contesto di workshop, o in un tipo di conversazione in cui è opportuno interagire di più, è molto utile dare alle persone l'opportunità di condividere la loro prospettiva in uno spazio sicuro e privo di giudizi.

Quando date modo al vostro pubblico di avere gli strumenti per valutare il tutto... saranno loro a dirvi il valore di ciò che fate! La chiave è inquadrare sempre le cose in modo che siano adattabili ai vostri ascoltatori per consentire loro di accedere alla propria *rilevanza affettiva personale* (ciò che è importante per loro).

Organizzazione: Quello che volete è che il vostro pubblico accetti diversi punti di vista/idee, li sintetizzi e sviluppi una nuova comprensione delle idee. In altre parole, per avere un momento "*ah-aha*!", i vostri ascoltatori devono organizzare il materiale in modo da vedere un nuovo potenziale per un cambiamento nel loro comportamento attraverso il confronto, la relazione e la sintesi dei valori che state trasmettendo. Un modo semplice per far sì che le persone organizzino e identifichino delle nuove idee è quello di portare come esempio delle comparazioni:

- Vecchio modo di pensare vs. nuovo modo di pensare
- Prima della trasformazione e dopo la trasformazione
- Con la vostra soluzione e senza la vostra soluzione

È nella dimostrazione di questo tipo di confronti che si crea l'opportunità per le persone di avere i loro momenti "a-ha!" che, a loro volta, li portano a organizzare nuove idee, comportamenti, schemi e percorsi nella loro mente.

In sintesi, se offrite l'opportunità di un momento di comprensione (invece di dare semplicemente la risposta), accederete alla risposta emotiva che porta al cambiamento nel modo più efficace possibile.

Interiorizzazione: l'interiorizzazione è il livello più alto o, come mi piace chiamarlo, "dopo il momento *a-ha*". È l'azione risultante che si verifica una volta che qualcuno ha ricevuto, risposto (coinvolto), ha attribuito un valore e realizzato se stesso (*"a-ha"*). A causa dell'impatto affettivo che avete facilitato, i membri del vostro pubblico daranno ora priorità al tempo per soddisfare le esigenze di questa nuova realizzazione, faranno spazio nella loro vita e aggiusteranno e bilanceranno le esigenze familiari, relazionali e professionali per mantenere e alimentare il nuovo comportamento. Quando i destinatari interiorizzano le vostre idee, passano all'azione: acquistano il vostro prodotto o servizio, pensano in modo diverso o compiono i passi successivi che li invitate a fare.

Ecco la chiave e il punto in cui la maggior parte degli speaker e degli imprenditori fallisce: i nuovi sistemi di valori/idee, ora interiorizzati, hanno il potenziale per influenzare in modo consistente il comportamento di una persona, se si alimenta la relazione per farlo.

In parole povere, una volta che avete convertito un estraneo al vostro pensiero o in un cliente, o che avete coinvolto il vostro pubblico, i vostri follower o i vostri dipendenti a una nuova idea, è vostra responsabilità promuovere e incoraggiare una trasformazione positiva continua. Ciò che fate *dopo aver* lasciato il palco è importante.

Anche nel contesto di una conferenza, in cui non è appropriato fare il *pitching* (una presentazione al fine di "vendere"), ho visto i relatori invitare le persone a rimanere in contatto per continuare la conversazione. Una mossa intelligente.

Proprio come nel dominio cognitivo dell'apprendimento, l'utilizzo anche solo di alcuni dei concetti qui presentati può produrre un cambiamento enorme. Aumenterete immediatamente il livello di coinvolgimento e il potenziale di successo di tutti coloro che partecipano alle vostre conferenze, workshop o presentazioni di qualsiasi tipo.

Trasformate chi vi ascolta da "consumatore di informazioni" (in altre parole, da chi si limita a riceverle) a pensatore indipendente che valuta le informazioni come la porta per il successo personale, la propria libertà, felicità o qualsiasi trasformazione e risultato che intendete ispirare, e mettetelo nella condizione di comprendere che è lui stesso la chiave per la propria trasformazione. Siate l'ambasciatore per il vostro pubblico.

PREDICARE AL CORO

Mentre scrivo questo capitolo, sto navigando nel Pacifico su una nave da crociera diretta in Alaska. Oggi, uno degli eventi a bordo è l'esibizione di un Coro Pop di passeggeri. Un'esibizione molto appropriata per quello che sto per dire.

Predicare al coro è un'espressione che indica qualcuno che cerca di convincere chi è già d'accordo con lui o ben al corrente dell'argomento. Ed è esattamente quel che sto facendo, lo so bene. Il fatto che abbiate deciso di acquistare una copia di questo libro e che abbiate letto fino a qui è la prova che siete già uno speaker o un leader in missione per creare una trasformazione positiva negli gli altri, in tutto il mondo. Vi apprezzo e celebro la vostra scelta di aver intrapreso questo viaggio e per il vostro impegno a condividere le vostre idee e il vostro cuore unapologetically.

È interessante notare come la mia evoluzione da direttore musicale a compositore, produttore, regista, creator, imprenditore, insegnante, istruttore di yoga - ogni esperienza - abbia contribuito all'insieme e a ciò che condivido con voi qui.

Dopo aver lavorato con il mio mentore, Fred, durante la mia laurea, l'esperienza più trasformativa che ha approfondito la mia comprensione della performance è avvenuta mentre lavoravo con un coro durante il mio praticantato di insegnamento e l'incontro che ne è seguito con il compositore corale di fama mondiale, nonché mio eroe personale, Eric Whitacre.

A quel tempo, stavo dirigendo un gruppo corale di una scuola superiore che si stava preparando per un concerto di musica proprio di Whitacre. Whitacre stesso faceva visita all'ensemble per una prova privata.

Il pezzo che stavamo preparando era *Lux Aurumque* (*Luce d'oro*), un pezzo brillantemente ossessionante con ricche armonie. Avendo lavorato a lungo con cori e nel mondo del teatro musicale, ero entusiasta di quell'opportunità.

Successivamente, notai che, sebbene i membri dell'ensemble cantassero per lo più le note giuste (ehi, dopotutto era una scuola superiore), mancava uno strato. L'esecuzione mancava di anima. Tutto ciò che sapevo ed ero convinto funzionasse (fino a prima di questa esperienza) per ispirare *sentimento* nella musica, non sembrava avere l'effetto sperato.

Una sera, studiando il brano, mi resi conto che il testo e la musica implicavano un altro livello di esecuzione: un viaggio emotivo dall'inizio alla fine. Se avessi potuto insegnare questo, sarei stato in grado di sostenere l'ensemble nel dare vita al pezzo.

Iniziai a disegnare graficamente il brano, come se stessi tracciando il contorno di una vasta catena montuosa. Scomposi ogni frase musicale in linee che delineavano la catena, unendosi ad un arco, più ampio che abbracciava il brano, all'inizio, a metà e alla fine. Poi, portai quella raffigurazione alla prova successiva e la illustrai alla banda, disegnandola alla lavagna, frase per frase.

Funzionò. Non solo l'esecuzione cominciò a respirare, prendere vita, ma gli studenti acquisirono una comprensione, un apprezzamento e un amore più profondi per il pezzo. La comprensione di quella che definii "architettura dinamica" del pezzo, aumentò il loro coinvolgimento: si esibirono con maggiore sicurezza, come se conoscessero un segreto e, nella loro performance, stessero svelando quel segreto al pubblico.

In quel momento, compresi che quello che avevo scoperto era il mio vantaggio su cui puntare, e gran parte di ciò che Fred mi aveva insegnato, seppur in un modo diverso. In molti degli artisti e dei direttori con cui ho lavorato, di solito manca proprio questo *fattore X*.

Anni dopo, scoprii che Whitacre progetta tutte le sue composizioni utilizzando quella che chiama "architettura emozionale". Prima di scrivere una singola nota di musica, fa schizzi, idee, brainstorming e disegna letteralmente il pezzo e le sue componenti graficamente.

Qual è l'applicazione pratica di queste informazioni per uno speaker e un leader?

Intenzione. Prima di parlare, prima di guidare gli altri, chiedetevi: "Dove incontrerò il mio pubblico" (o "Dove siamo in questo momento e dove lo voglio portare?"). Poi, scomponete e ricomponete l'esperienza che avete intenzione di spiegargli.

L'ATTITUDINE DEI CAMPIONI

Nell'estate del 2014 ebbi un'idea. Sapevo di starmi avvicinando alla fine della mia carriera di insegnante e iniziai a spaziare in altri settori. Durante le vacanze estive, feci un viaggio a San Antonio, in Texas, per assistere ai Campionati Regionali Drum Corps International (i campionati dedicati alle Bande di Percussionisti).

Quando avevo vent'anni, ero un membro dell'Oakland Crusaders' Drum and Bugle Corps. Da allora si è ormai sciolta, e i drum corps sarebbero quasi scomparsi in Canada se il mio buon amico Michael Beauclerc non avesse deciso di riportarli in auge attraverso le drum line scolastiche. Egli continua a costruire la Canadian Drumline Association con grande successo, ora con eventi in tutto il Canada.

Se non sapete cos'è un drum corps, pensate a una marching band (*banda della marcia)* professionale, che mette insieme uno spettacolo degno del Super Bowl che comprende musica, drill (coreografie e formazioni sul campo), danza, arte e tanta fantasia.

Anche se marciai solo per un anno, mi piaceva l'attività e amavo assistere alle esibizioni quando se ne presentava l'occasione.

Così, nel 2014, mentre osservavo i ventidue gruppi in gara e inviavo le immagini a Michael per i suoi canali di social media e per la sua rivista, mi resi conto che alcuni gruppi non avevano l'attitudine dei campioni. Osservandoli sul campo, ebbi modo di constatare che trovassero l'esibizione difficile, non divertente e poco gioiosa, e semplicemente non avevano *l'aspetto* o il *comportamento* dei campioni (la differenza era evidente quando uno dei tre gruppi migliori scendeva in campo).

Non appena tornai da quel viaggio, contattai il mio vecchio amico Kelly Earp. Non lo vedevo da diciannove anni, da quando avevamo marciato insieme nei drum corps. Gli dissi semplicemente che avevo un'idea e gli chiesi se fosse ancora coinvolto nella banda della marcia o nei drum corps a qualsiasi livello.

La fortuna volle che Kelly fosse il responsabile delle didascalie visive della Marching Band della Cary High School in North Carolina, ovvero uno dei responsabili dell'estetica della marching band sul campo.

Nelle ventiquattro ore successive, passammo dal non esserci parlati per diciannove anni a quando mi offrì la possibilità di venire in North Carolina per un paio di settimane per dare vita al mio esperimento.

L'idea era semplice. Volevo allenare i membri della marching band a diventare campioni, fisicamente, mentalmente e creativamente, e volevo farlo usando lo yoga come base di partenza.

Mentre insegnavo sequenze di yoga molto specifiche che avrebbero messo a prova la forza e la resistenza di cui i membri avrebbero avuto bisogno per eseguire il loro spettacolo, introdussi anche concetti di sviluppo personale che gli avrebbero insegnato come presentarsi da campioni, come aggiungere strati di architettura dinamica, come essere *imperturbabili* sul campo anche quando le cose andavano male, come esprimersi in modo creativo e, infine, come diventare un unico organismo vivente che avrebbe lavorato insieme per stupire il pubblico.

Funzionò. Per la seconda volta nella sua storia, la Cary High School Marching Band arrivò alle semifinali del Campionato della Bande d'America (Bands of America Championship).

Quel che scoprii in quell'esperimento (che poi ho ripetuto) è quanto il potere della convinzione sia legato all'essere ricordati e al diventare ispiratori e influenti.

Il successo ha molte sfaccettature ed è in gran parte radicato nella mentalità. Dire semplicemente le parole giuste non vi sosterrà a lungo termine. Essere un leader e uno speaker unapologetic è una pratica che dura tutta la vita e che comprende il condizionamento e la crescita fisica, mentale e creativa. In fin dei conti, la convinzione è il fattore più determinante per espandere la propria influenza in modo che superi quella degli altri.

Siete disposti a fare ed essere ciò che serve per *diventare* un oratore e un leader di livello mondiale?

In base alla mia esperienza, molti dicono di volerlo, ma non ci riescono quando si rendono conto di quanta pratica, prove, impegno e dedizione siano necessari per farlo. L'idea che si possa salire sul palcoscenico e *spaccare tutto* in modo naturale è come aspettare di vincere alla lotteria. Acquisire capacità di leadership e di parlare richiede migliaia di ore.

Il commento più frequente che sento da chi non ha un background di attività dello spettacolo quando osserva il proprio attore, cantante o ballerino preferito è: "Lo fanno sembrare così naturale e come se non l'avessero nemmeno provato". Sfortunatamente, molti "esperti" comunicativi incoraggiano gli speaker a non esercitarsi troppo. Sì, la memorizzazione parola per parola può risucchiare la vita e l'anima di un discorso. Tuttavia, quando si passa dalla memorizzazione all'interiorizzazione, si raggiunge un livello completamente nuovo di connessione con il materiale e la libertà di *essere presenti* al per il pubblico.

In altre parole, se volete dare un'apparenza di naturalezza e creare qualcosa nel momento in cui siete in scena, dovete esercitarvi così tanto da far sì che diventi una seconda natura e una parte di ciò che siete. Poi, tornate indietro e aggiungete quel magico strato di architettura dinamica al vostro lavoro, resituendogli vita, spazio e sottotesto (ciò che non dite).

Come suggerisce la citazione di Leonardo Da Vinci che apre questo capitolo, è nel lavoro che sta dietro alle parole, nei momenti di silenzio che vi prendete per scoprire chi siete e nei momenti in cui siete in silenzio che risiede il vostro più grande potere. Quando sarete voi a mostrarvi e presentarvi come un campione, un leader mondiale o uno speaker, la gente prenderà nota. Cosa state aspettando?

Dal punto di vista fisico, cosa puoi fare per sviluppare la resistenza e le pratiche salutari necessarie a sostenere la tua attività di speaker e leader di alto livello?

____

____

____

Dal punto di vista mentale, che cosa puoi fare per sviluppare la tua mentalità di successo (e *inamovibile*)?

____

____

____

Creativamente, cosa puoi fare per ampliare e far crescere la tua attuale visione del mondo, le tue esperienze e la tua comprensione degli altri?

____

____

____

UNFORGETTABLE

DI ANNA DANES

Anna Danes è un cantante, produttrice e creator.

Perché mai qualcuno vorrebbe essere una persona insipida e dimenticabile e limitarsi a farsi trascinare dalla vita? Ma per favoreeee, chi ha tempo per QUESTO?! Non Beyoncé, non Taylor Swift e sicuramente non Gaga. E non io!

Ma non sono sempre stata "La Anna Danes" di oggi, felice di cantare davanti alle folle con un vestito rosso di paillettes e i capelli biondo platino.

A undici anni, figlia unica, sono immigrata con i miei genitori in Canada dalla Polonia, senza parlare una parola di inglese né di francese. E spiccavo parecchio in mezzo agli altri: ero più alta della maggior parte dei miei compagni di classe canadesi, avevo una corporatura dell'Europa dell'Est e un fisico da vichinga, un accento e un nome straniero ENORME e impronunciabile: OLGA ANNA DMOCHOWSKA. Ah.

Stretta tra due mondi, il mio vecchio retaggio europeo e la mia educazione (che ancora coltivavamo a casa), e la mia nuova patria "imposta", il Canada, non sapevo chi diavolo fossi o a quali norme culturali dovessi attenermi crescendo da adolescente. Mentre la maggior parte delle studentesse era impegnata ad arricciarsi i capelli il venerdì sera e a sperimentare con i trucchi, io studiavo l'inglese e recuperavo i compiti della settimana... e la loro traduzione.

Sono diventata una nerd. Il nerdismo era il mio scudo: avrei potuto farcela nella vita senza essere al centro dell'attenzione, senza che nessuno mi sentisse. Volevo esistere restandomene ai margini della mensa della scuola, con altri nerd vestiti di grigio, marrone e nero come me, ed essere dimenticata dai ragazzi fighi e "normali" con il loro stile coloratissimo preppie chic anni '80 di polo Ralph Lauren e gonne a tulle ispirate a Madonna. Stando ai margini, mi sentivo al sicuro.

Detestavo l'attenzione con ogni fibra del mio essere. Fuori dalla classe, mi ingobbivo per nascondermi tra i miei coetanei più bassi: è la mia postura predefinita ancora oggi. In classe, invece, mi nascondevo dall'insegnante dietro un banco nell'angolo più lontano dell'aula, pregando di non essere mai e poi mai chiamata da lei. L'attenzione su di me e l'idea di dire qualcosa pubblicamente mi MORTIFICAVANO...o meglio, dire la cosa "sbagliata", qualunque essa fosse.

Facciamo un salto avanti, arriviamo alla fine del mio corso di laurea all'Università di Ottawa, quando ho finalmente capito la "questione canadese". Mi ero adattata un po' meglio, anche se ero una nerd gigantesca che studiava a pieni voti Storia antica e Archeologia. Ma le carte in tavola della potenziale "figaggine" cambiarono un po' quando, per sfida con il mio primo fidanzato fastidiosamente arrogante (un avvocato, le cui parole mi risuonano ancora nelle orecchie a distanza di trent'anni: "I maiali voleranno quando ce la FARAI!"), sono stata ammessa alla facoltà di giurisprudenza!

Come quasi tutti i giovani studenti di legge, anch'io diventai un po' fastidiosa e piena di me. Gli studenti di giurisprudenza, non diversamente da quelli di medicina, fin dal primo giorno di scuola ricevono una predica su quanto siano *speciali*, su come costituiscano una minuscola minoranza esclusiva nella società e su come svolgano un lavoro che cambia la vita.

Quella spinta al mio ego ha funzionato. Quando mi sono laureata e ho iniziato a esercitare la professione di avvocato, ero cresciuta parecchio. Tuttavia, ero ancora lontana anni luce dal mettere piede su un palcoscenico ed essere illuminata da un riflettore gigante!

Il problema di essere un avvocato è che devi ancora "mimetizzarti" e seguire gli altri. Ci sono regole di condotta , c'è la legge, ci sono le indicazioni dei clienti, l'albo della professione e la società che ti osservano da vicino. Al secondo anno del mio nuovo ramo di studi, ero già stanca di essere una "seguace". E poi, "La Legge" dava troppo poco spazio per permettere alla personalità e alla creatività di brillare. Mi sentivo imprigionata dalla "sacra" professione, nonostante il rispetto e l'accettazione che mi garantiva nella società. Io, la secchiona in abito nero da avvocato, avevo improvvisamente bisogno di altro nella mia vita e di spazio per respirare!

Mi sono svegliata con il mio VERO io. Un giorno, dopo aver fatto un viaggio inaspettatamente avventuroso nei coloratissimi Caraibi, ho scoperto, con mia grande sorpresa, che mi *piaceva* l'avventura...e che anche i colori mi piacevano! Ed essere LIBERA. E correre liberamente, intendo letteralmente, ho riscoperto la corsa. Non avevo idea di cosa avrei avuto una volta sopravvissuta a legge, ma il richiamo del mio ISTINTO a PRENDERE e ad andarmene era così forte e travolgente che un giorno nevoso di febbraio a Toronto, senza aver niente di pianificato, sono scappata dal mio studio legale e mi sono trasferita nella soleggiata e ricca di sogni California, senza mai voltarmi indietro!

Gli anni che sono seguiti sono stati i MIGLIORI della mia vita: nessun piano, nessun copione da seguire, niente più legge, ma anni pieni di avventure, scoperte, crescita e in cui ho imparato l'importanza dell'istinto INTERIORE, viscerale, che è superiore a ogni altra cosa nella vita, e a come FIDARSI di se stessi prima di tutto, e onorare la propria UNICA voce.

Cosa che un giorno, per un caso, mi ha portata a cantare! La mia voce si è alzata per la prima volta e la mia vita è cambiata da un giorno all'altro. Grazie alla scoperta della musica, sono "volata" in posti bellissimi che avevo visto solo in sogno o nei vecchi film di Hollywood. Mi sono esibita in luoghi prestigiosi, ho sfilato su tappeti rossi, sono apparsa in film, sono entrata in classifica e ho intitolato il mio secondo album "*Find Your Wings*". Perché io l'ho fatto!

Da quel momento, sono diventata una sostenitrice e "avvocato" non ufficiale dell'ispirare gli altri ad ascoltare il proprio istinto. Il mio compito ora, mentre canto e racconto storie dal palco, è quello di ricordare agli altri di non sprecare la loro opportunità di vivere la vita pienamente e alle loro condizioni, e di essere pienamente UNICAMENTE se stessi e sempre indimenticabili!

Ve lo dice un'ex ragazza timida che si è accucciata si è nascosta dal mondo a lungo: la vita è molto più divertente e significativa al CENTRO del palco di quell'UNICA performance che è la vostra VITA! Fatelo, e non vi pentirete mai di essere... VOI!

Unorthodox:
non-ortodosso, non-tradizionale, contrario alla norma.

SEI PRONTO AD ESSERE UNORTHODOX?

MISURARE IL PROPRIO VALORE

16

"Oggi mi sono svegliata e mi piacevo. Il tuo like è un extra. Il mio compito è quello di piacermi per prima!".

— Lisa Nichols

Nell'ultimo capitolo vi ho offerto alcuni strumenti che vi permetteranno di creare i vostri discorsi in modo da stimolare i livelli più alti della parte emotiva del cervello: il dominio affettivo. Capire come portare il pubblico dalla semplice ricezione delle informazioni all'interiorizzazione delle stesse è un'abilità (e un'arte) che vi distinguerà dagli altri speaker e leader.

A questo proposito, come fate a sapere quando state diventando più influenti, più seguiti, più compresi di chiunque altro nel vostro settore? Qual è il metro di misura per determinare il vostro successo?

LA COMPARANOIA COLPISCE ANCORA (E ANCORA)

Il bisogno di sentirsi validati spesso suscita sentimenti di comparanoia da comparazione. La misurazione del successo o del proprio impatto può provocare una serie di sentimenti che non sono utili, come ad esempio:

- Non sono bravo come...
- Non sono abbastanza bravo...

- Quando raggiungerò l'obiettivo X, avrò successo... (e poi?)
- Devo fare di più...
- Devo migliorare...
- Non ho dedicato il mio tempo a...

Per alcuni, questi pensieri e sensazioni sono sufficienti a farli abbandonare le loro cause. Specialmente se non lavorano nelle aree in cui sono geniali, la strada per sentirsi *arrivati* (se mai lo saranno) sarà lunga e accidentata.

In caso di dubbio, rileggete il *vostro Diario di Straordinarie Storie Quotidiane* e celebrate! Ricordate che tutte le briciole da seguire sono lì. I suggerimenti e gli indizi che dimostrano chi siete e perché siete *chi* siete, vi riporteranno in linea con il vostro obbiettivo. Parlo per esperienza.

Quando sono arrivato negli Stati Uniti d'America, ho deciso di assumere il ruolo di studente completo. Non volevo fingere di sapere qualcosa. Ho scelto invece di assorbire e imparare dagli altri successi.

Ho seguito webinar, frequentato seminari, mi sono iscritto a corsi, ho partecipato a eventi e, come potete immaginare, ho speso un sacco di soldi lungo il percorso.

Forse è stato il momento, o forse non avevo mai avuto il tempo di notare che c'erano molti esperti online che promettevano tutti la formula esatta, passo dopo passo, per il successo. Così, li ho seguiti.

AGGIUNGERE VALORE

L'unica cosa che continuavo a sentire ancora e ancora era il messaggio che, per farcela, se si vuole davvero distinguersi e costruire un'attività di qualsiasi tipo, è necessario pubblicare contenuti, aggiungere valore e, di fatto, sovra-fornire valore.

Trovai questo concetto piuttosto insolito. Nessuno mi aveva mai chiesto di aggiungere valore. Iniziai a chiedermi se fosse una cosa americana. Mentre consideravo il valore che apportavo al mondo, ripensai alla mia vita. Ecco a cosa giunsi:

- Sono molto istruito (due lauree, un diploma, studi avanzati presso cinque rinomate istituzioni) - per quanto possa valere.
- Il mio curriculum è pieno di successi in diversi settori, tra cui premi, riconoscimenti ed esperienze approfondite di prima mano.
- Io sono un miracolo, non importa da che parte lo si guardi - religione o scienza - sono un miracolo e lo sei anche tu.

Questo, di per sé, mi sembrava un valore, ma sapevo che non era quello che intendevano i guru. Decisi di cercare il significato di "valore" perché non riuscivo a capire esattamente come determinare ciò che era considerato prezioso.

Quando cercai la definizione di valore, mi saltarono all'occhio alcune cose, tra cui il *merito*, il *valore* e l'*importanza.* Così, mi chiesi:

- Qual è il merito di ciò che porto?
- Valgo il vostro tempo, il vostro investimento, la vostra approvazione?
- Quanto sono importante io o i contenuti che produco?

È chiaro che queste domande provenivano dalla mia prospettiva in cui pensavo di avere scarsità o assenza di tutto questo. Guardando alla mia vita attraverso la lente della definizione di valore, mi resi conto di esser stato classificato, giudicato, scelto per ultimo, scaricato e persino ripudiato: nessuna di queste cose mi aveva mai fatto sentire bene. Perché qualcuno dovrebbe voler misurare il proprio valore? Quando si arriva a valere abbastanza? E chi lo decide?

Decisi che l'idea che il successo fosse determinato dal proprio *valore* fosse inaccettabile e mi misi a fare ulteriori ricerche su cosa fosse il vero valore.

Da bambino ero un grande ricercatore. Avevo persino vinto un paio di fiere scientifiche. Il ragazzino scienziato che era in me si svegliò e mi misi al lavoro.

Naturalmente, oggi uno dei modi più semplici per condurre una ricerca è usare Internet. Pubbblicai un singolo post sui miei account Instagram e Facebook con la richiesta di "Nominare una persona di spicco che porta valore agli altri".

Le risposte iniziarono a fioccare: Gary Vaynerchuk, Russell Brunson, Tony Robbins, Brené Brown. Queste persone sembravano certamente in grado di offrire valore. Ci furono altre risposte, come Bruce Springsteen, che sembrava una scelta interessante. Una donna disse "mio marito", anche questa era una scelta interessante. E un'altra donna rispose Mahatma Gandhi. Quando le chiesi perché pensasse che le avesse dato un valore, mi rispose: "Perché mi ha mostrato che si può essere piccoli e scuri come me e cambiare il mondo!".

In altre parole, nessuno aveva una misura chiara di cosa fosse il valore. Perché allora voler utilizzare il valore come misura? È un obiettivo troppo variabile e molto soggettivo.

Osservando attentamente le persone nominate, iniziai però a vedere uno schema che legava tutto insieme.

PORTARE LA PROPRIA VISIONE

È possibile che la visione abbia valore nel mercato moderno? Questa è la domanda a cui mi propongo di dare una risposta.

Considerate alcuni dei moderni visionari del giorno. Indicate se ritenete che queste persone forniscano una visione, un valore o entrambi:

	VISIONE	VALORE	ENTRAMBI
Elon Musk	______	______	______
Madre Teresa	______	______	______
Richard Branson	______	______	______
Walt Disney	______	______	______

Oprah Winfrey	______	______	______
Dalai Lama	______	______	______
Brené Brown	______	______	______

Scegliete alcuni dei vostri eroi, influencer e persone che stimate e applicate lo stesso metro:

	VISIONE	VALORE	ENTRAMBI
______________	______	______	______
______________	______	______	______
______________	______	______	______
______________	______	______	______
______________	______	______	______
______________	______	______	______
______________	______	______	______

Che cosa si può concludere in base ai risultati ottenuti?

____

____

____

____

Ho condotto questo esperimento con pubblico e persone di tutto il mondo. I risultati tendono sempre a dimostrare che *le persone che hanno una visione forte offrono e portano anche valore agli altri*.

LA VISIONE È PREZIOSA E DI VALORE

Sono fermamente convinto che *non* sia davvero il contenuto a fare da "re", ma voi. Posso ottenere quasi tutti i contenuti che desidero gratuitamente da Google. Google è il re e la regina quando si tratta di contenuti e il suo regno globale non ha fine.

Non so voi, ma io preferisco non confrontarmi con Google perché so che non sarò mai all'altezza, almeno non nel lungo termine.

Cosa vi *distingue* e vi rende più *preziosi* del prossimo esperto del vostro settore? La visione.

Voi siete la chiave. Le persone aspettano che voi riveliate la vostra visione.

L'ulteriore bellezza della visione è che è esente da misurazioni. La visione è totale e singolare allo stesso tempo. Una visione non è migliore dell'altra. La *valuta* della visione è binaria.

Andrew Lloyd Webber, il famoso compositore record di musical, disse: "Quello che mi colpisce è che c'è una linea molto sottile tra il successo e il fallimento. Un solo ingrediente può fare la differenza".

La differenza è la visione. Avere una visione vi posizionerà per il successo meglio di qualsiasi altro elemento.

Avete una visione? La vostra visione guida tutto ciò che fate?

Forse state iniziando a capire come la *visione*, *chi* siete e il vostro *perché* siano strettamente legati tra loro.

Quando si tratta di affrontare la comparanoia, la visione e la profonda comprensione di *chi* siete e del *perché* siete chi siete, vi serviranno per prendere posizione con sicurezza, classe e a mantenerla a lungo.

Voi, proprio come i visionari che seguite e celebrate, avete il potenziale per creare un impatto sugli altri quando dichiarate e condividete la vostra visione, e quando la vostra visione è in linea con chi siete e con ciò in cui credete, diventate inarrestabili.

Una mia amica, la dottoressa Vidya Reddy, è una donna in missione con una visione chiara. Ecco cosa ha da dire sulla visione:

> Credo che ogni essere umano abbia un valore. Il mio compito in questa vita è stato quello di dare voce a chi non ce l'ha. Ho aiutato innumerevoli bambine in India a passare dalla povertà più assoluta a possibilità illimitate!
>
> Sono un medico naturopata. A ventiquattro anni mi sono recata in India, dove sono stata guidata e iniziata da maestri guru che hanno preso una semplice ragazza canadese e le hanno mostrato il vero significato del dare. Mi hanno aperto il cuore.
>
> Poiché ho visto innumerevoli persone che hanno perso la loro voce interiore, la loro gioia e la loro felicità, ho creato un programma, *Come diventare naturalmente felici*, per insegnare alle persone come fare esattamente questo. Questo programma consiste nel condividere la profonda conoscenza di una vita gioiosa, sana e pacifica! (Naturally-Happy.com)
>
> Il mio obiettivo è risvegliare la coscienza umana e ridare potere all'umanità, rendendovi consapevoli del potenziale che risiede in ogni singolo essere umano! Ogni volta che ci avviciniamo al cuore di un uomo comune, ci avviciniamo all'anima della nostra visione.

Avete una visione chiara? La vostra visione è in linea con ciò che siete?

Ripensate al vostro *Diario di Straordinarie Storie Quotidiane*. Riflettete sulla domanda. "E allora? Che cosa voglio che facciano?" come l'avete applicata a ciascuna delle vostre storie/incidenti. Qual è il vostro "Poiché credo in X, voglio che tu faccia Y"? Considerate tutti questi aspetti e fate un brainstorming della vostra visione, quella che guiderà tutto ciò che dite e fate.

Nelle righe sottostanti, fai un brainstorming della tua visione. Simile al tuo brand e a ciò in cui credi, esprimi il quadro generale del lavoro che stai facendo.

____

____

____

____

____

____

Cosa ti serve per smettere di aspettare e di tentare di misurare il tuo valore? Lisa Nichols lo dice meglio nella citazione che apre questo capitolo: Il vostro compito è quello di piacere prima di tutto a voi stessi. Siete disposti a scegliere voi per primi? O continuerete ad aspettare i like e i riconoscimenti sui social media? Volete restare in attesa che gli altri convalidino la vostra visione, il vostro miracolo, il vostro essere?

Vi invito a smettere di cercare di trasmettere un valore, poiché è chiaro che nella prova del valore e della validazione dagli altri, non ce la farete mai. Non c'è nessun traguardo in vista.

Smettere di trasmettere valore. Iniziare a trasmettere una visione.

Siate poco ortodossi. Scegliete di trasmettere una visione. Celebrate i successi dei visionari che vi hanno aperto la strada. Fissate la vostra posizione e andate avanti con fiducia, perché coloro che portano avanti una visione, coloro che non hanno vergogna e sono saldi nel modo in cui scelgono di presentarsi per gli altri, sono quelli che guidano il mondo.

Cosa stai celebrando in questo momento?

____

____

____

____

____

____

UNORTHODOX

DI SARAH-NADA ARFA

Sarah-Nada Arfa è una spaker, coach, bodyworker, insegnante di Forrest Yoga e avvocato.

Per me, essere *non ortodossi* significa alcune cose:

1. Scegliere di mettersi e di evolversi al di fuori dei sentieri battuti che sono stati tracciati dalle mie convinzioni, dalla mia cultura, dalla mia società, dalla mia religione, dal mio ambiente e dal mio background.
2. Essere e offrire un'alternativa, una soluzione e un servizio.
3. Essere aperti all'ascolto e all'apprendimento di opinioni, pensieri e metodi diversi.

Essere *non ortodossi* significa condividere la mia non ortodossia a voce alta e con orgoglio. Significa essere ciò che sono e ascoltare l'altro con mente e cuore aperti, in modo da poter portare il nostro rapporto, professionale o personale, fuori dai sentieri battuti e su una strada creativa e innovativa.

Essere eterodossi richiede coraggio. Mi ci è voluto molto coraggio e due esperienze che mi hanno quasi condotta alla morte abbracciare pienamente la mia non ortodossia. Ho adottato pienamente l'essere non ortodossa perché non avevo scelta. Sentivo che si trattava di scegliere/accettare di essere me stessa e, quindi, non ortodossa, o di andarmene da questo pianeta. Ho scelto di abbracciare la mia eterodossia perché mi sembrava meno radicale e dolorosa della morte e, ora che l'ho fatto, devo dire che la consiglio pienamente.

Non fraintendetemi: non è stato facile accettare di essere diversa, non convenzionale, insolita, anormale e in piena integrità con me stessa o con ciò che pensavo fosse me stessa. Sono una donna di origini nordafricane e musulmane. Sono cresciuta in Algeria e sono emigrata con la mia famiglia in Francia dopo la guerra civile algerina (1991-2002).

Da bambina e poi da giovane adulta, ho imparato presto che distinguersi e non essere ortodossi non era il modo per sopravvivere. Per le strade di Algeri, distinguersi significava essere vittima di catcalling o addirittura molestati, e questo nel migliore dei casi. Si credeva addirittura che nessuno dovesse ascoltare la voce di una donna perché era un tradimento della sua modestia e della sua buona educazione. Nel bel mezzo della guerra civile, la mia sopravvivenza dipendeva unicamente dal mimetizzarmi.

Come immigrata, ho fatto tutto il possibile per assimilare, o "integrarmi", come amano dire i francesi. Questo processo ha reso ancora una volta l'essere me stessa e, quindi, diversa, un vero ostacolo. Ho dovuto superare ogni prova e ostacolo: a scuola, durante i controlli dei documenti per strada da parte delle forze di polizia nazionali, quando cercavo il primo appartamento o il primo lavoro, o quando mi innamoravo.

Così, mi sono mescolata il più possibile, reprimendo la mia originalità e la mia intrinseca non ortodossia. Questo mi ha permesso di sopravvivere e persino di ottenere grandi risultati, ma in questo processo ho dimenticato di vivere. Mi imbavagliavo ad ogni sprizzo di non ortodossia che riuscivo a percepire. Mi accontentavo di lavorare in uno studio privato e di essere ciò che tutti si aspettavano da un avvocato specializzato in finanza aziendale.

Tuttavia, questi slanci di eterodossia erano a volte troppo difficili da contrastare e, quando scoppiavano, portavano con sé immensa gioia e abbondanza. Per esempio:

- Decisi, contro ogni previsione, di abbandonare l'idea della scuola di ingegneria a diciotto anni e di lasciare la Francia per Londra, dove decisi di studiare legge. Lì, ho vissuto quelli che fino ad allora furono i migliori anni della mia vita in una città.
- Dopo l'ictus che mi ha colpita all'età di ventiquattro anni, ho fatto un viaggio nel Sud-Est asiatico con gli amici, contro il parere del medico, dove non solo ho stretto legami per la vita, ma mi sono anche innamorata di quella parte di mondo.
- L'essermi iscritta a un ritiro di yoga, che si è rivelato essere un corso di formazione per bodyworker, nel nord dell'Inghilterra, mi ha dato una comprensione totalmente nuova dell'assistenza sanitaria, in generale, e del mio stesso corpo. Ho visto come offriva aiuto a tanti pazienti abbandonati dalla medicina tradizionale.
- Non ho potuto fare a meno di sedermi su una palla da Pilates nel mio ufficio.

Sono riuscita a sorridere e a rimanere positiva anche nelle ore più buie del duro lavoro, dei dispiaceri, delle lunghe ore di lavoro, della mancanza di sonno, dei tradimenti, dello stress della vita, dei clienti e della carriera.

Così, quando mi sono trovata di fronte alla morte per la seconda volta nel gennaio 2017, sul mio letto di terapia intensiva ad Austin, in Texas, da sola, non ho avuto altra scelta che riflettere sul mio passato, sui miei rimpianti, su ciò che volevo continuare a fare di più e su ciò che volevo cambiare. Mi resi conto che tutte queste situazioni avevano un denominatore comune: soffrivo per essermi dissociata dalla mia vera essenza, dal mio essere unapologetically non ortodossa. Da quel momento in poi, decisi di vivere in modo unapologetic e di essere *non ortodossa*. Come si è concretizzato? Recuperai ciò che faceva brillare il mio spirito: divertirmi, lasciare libera la mia immaginazione selvaggia attraverso la creazione di opere d'arte e la scrittura di un libro per bambini, praticare e insegnare yoga, condividere le mie esperienze aiutando gli altri a riconnettersi con il loro respiro, la loro mente, il loro corpo e la loro anima, abbracciare le mie capacità di coaching rimanendo un membro attivo della comunità locale e imprenditoriale e rendermi utile agli altri. Mi sono resa conto di non dover essere limitata dallo scegliere una sola parte di me, anche se queste parti erano in contrasto con ciò che la gente si aspettava da un avvocato donna, araba e musulmana!

Essere non ortodossi non dovrebbe essere riservato solo alle persone artistiche e woo-woo. Essere non ortodossi è per tutti e potrebbe persino essere un vantaggio per gli affari e le aziende!

In qualità di avvocato specializzato in finanza aziendale, ho spesso riscontrato che le migliori soluzioni per le questioni, le domande e i problemi dei miei clienti derivano dalla mia capacità di rimanere entro i confini della legge e di presentare comunque risposte o soluzioni non ortodosse che soddisfino pienamente le loro esigenze aziendali. Questo mi ha anche dato un forte vantaggio competitivo rispetto a chiunque altro abbia un prodotto o un servizio simile da offrire.

E ho visto lo stesso manifestarsi in tutto ciò che faccio: come insegnante di yoga e bodyworker, come coach, come speaker. Le persone si rivolgono a me per quello che sono e perché non sono timida al riguardo. Se non gli piace, non mi contattano e questo libera il mio tempo e la mia energia per aiutare e servire coloro che sono più adatti al mio metodo e che hanno più bisogno di me.

Se volete puntare alle stelle, essere poco ortodossi mostrate al mondo la vostra unicità, e il mondo vi sommergerà di agi e abbondanza! Non accontentatevi di ciò che voi o gli altri si aspettano da voi.

Potete seguire il percorso che pensate di dover seguire o andare direttamente dove volete arrivare uscendo dai sentieri battuti! Nel 99% dei casi, ho scoperto che il viaggio è meno doloroso e più veloce se si esce dai sentieri battuti, ed è molto più divertente!

E non è forse questo il senso della vita? Far sì che ne valga la pena godendosi il viaggio?

Unreasonable:
fuori dagli schemi, lontano dalle regole, contrario al pensiero comune.

UN SEI PRONTO AD ESSERE UNREASONABLE?

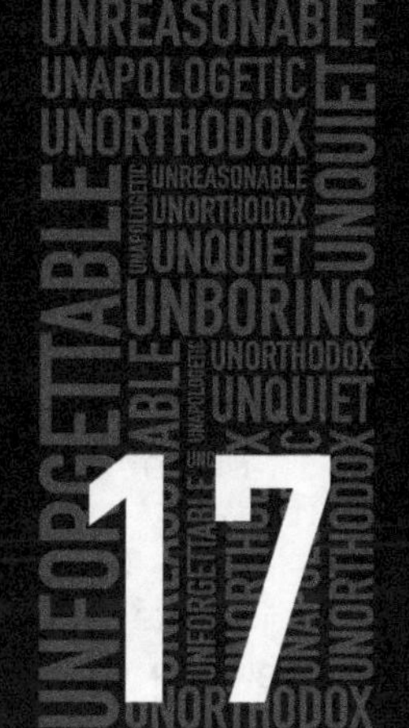

GUIDARE CON UNA VISIONE 17

"Non possiamo insegnare nulla alle persone,
possiamo solo aiutarle a scoprire da sole".

— Galileo Galilei

Secondo me, la cosa più importante da misurare è la qualità delle vostre celebrazioni quotidiane: la vostra visione e il vostro valore intrinseco (il miracolo di voi stessi). Avere una visione vi dà una linea di base, una stella polare da seguire, e manda un chiaro messaggio agli altri che state vivendo con uno scopo.

Quando decidete di non essere più attaccati al valore e alla validazione esterna e scegliete la *visione* come guida, gli altri ne prenderanno atto e vi troverete nella posizione di leader e di influencer.

La mia intera esperienza di vita come leader è perfettamente riassunta nelle parole di Galileo. In particolare, quando ho assunto un ruolo di leadership come insegnante di musica in una scuola, ho capito subito che la mia formazione per diventare insegnante non era molto pratica.

In questo capitolo analizzeremo la vera leadership, quella che ispira ed eleva altri leader.

Voglio che sappiate che nulla di ciò che condivido qui è una prescrizione, né deve essere interpretato come una formula. Come ho già detto in precedenza, quando si tratta di tenere delle presentazioni e di essere leader, sono fermamente convinto che non esista un percorso chiaro. Ci sono idee e ideologie, abilità, tattiche e metodi che possono funzionare per voi; tuttavia, sta a voi scegliere ciò che funziona per voi. Scoprite la vostra leadership e il vostro stile. Facilitare questa scoperta - liberare lo stile unico di qualcuno - è ciò che amo fare con i miei clienti.

Mentre leggete questo capitolo, pensate a chi volete essere come speaker e leader. Cosa volete che gli altri dicano quando avrete lasciato la stanza?

ESSERE IRRAGIONEVOLI

Voglio che siate irragionevoli, *unreasonable*, ma non nel senso tradizionale del termine; piuttosto, quali aree siete disposti ad esplorare e chi siete disposti a essere per condurre gli altri alla loro grandezza? Secondo la mia esperienza, un approccio *irragionevole* può essere il modo più efficace per affermare la vostra leadership (e la profondità del vostro messaggio).

Il primo giorno in cui iniziai ad insegnare musica al liceo, annunciai che la banda si sarebbe esibita in un concerto entro due settimane. In effetti, negli anni successivi, io e la mia collega Katyh facemmo un ulteriore passo avanti, facendo suonare gli studenti, cantando dal vivo ed eseguendo una danza coreografica entro la fine della prima settimana di scuola!

Sono sicuro che il resto del corpo docente (e degli studenti, se è per questo) pensò che fossimo pazzi. Ai nostri studenti, invece, era piaciuto molto. Erano ispirati dalla nostra leadership radicale e dalla nostra intensità. Ogni anno, lo spettacolo si svolgeva senza problemi e posizionava il dipartimento di arti sceniche come un programma di punta – uno di quelli di cui far parte.

Kathy e io abbiamo avuto anche momenti in cui cantavamo con i nostri studenti e partecipavamo a numerose produzioni, non per mettere in mostra i nostri talenti, ma per dimostrare il senso di comunità, la collaborazione e l'equità che ci impegnavamo a dare. Cantare e ballare davanti ai propri coetanei da adolescenti non è un'impresa da poco. Unendoci ai nostri studenti come interpreti cameo, gli dimostravamo di credere in loro e che, se le cose fossero andate male, avremmo sopportato anche le critiche.

Per fortuna, abbiamo sempre stupito il nostro pubblico. Ecco la parte interessante. Posso dire onestamente che il fattore "*wow*" non era sempre dovuto al fatto che le performance erano impeccabili. Credo che il "*wow*", e il rispetto che ne seguì, siano stati il risultato di ciò che eravamo: audaci, coraggiosi e unapologetic. Come insegnanti, abbiamo ispirato i nostri studenti essendo *inarrestabili*. Osservare il nostro atteggiamento audace ispirava i nostri studenti, a loro volta, a seguirci e a non vergognarsi, a essere sicuri di ciò che erano.

Quando divenni insegnante, sapevo con certezza una cosa: volevo che il mio programma fosse *esperienziale*, perché le esperienze che avevo fatto a scuola mi avevano letteralmente salvato la vita. La mia visione per i miei studenti era quella di facilitare esperienze coinvolgenti, e così feci.

Dopo il successo delle performance del primo mese, decisi di annunciare un viaggio internazionale. Anche in questo caso, sono sicuro al 100% che gli altri insegnanti pensarono che fossi assolutamente fuori di testa. Organizzare una gita al parco divertimenti locale era già un'impresa che pochi insegnanti volevano tentare di portare a termine, figuriamoci pianificare un viaggio internazionale. Io, però, ero impavido (o ingenuo) e continuai con l'annuncio di un'esperienza artistica a Cuba per le vacanze di primavera.

Quell'anno, sedici studenti mi seguirono e vennero con me a Cuba. Fu un'esperienza coinvolgente che ebbe un impatto positivo sulle loro vite.

Gli anni successivi portarono molte altre esperienze: gite sul campo per assistere a spettacoli teatrali e musicali, laboratori all'opera, tour dietro le quinte, laboratori di danza con il cast di *Jersey Boys*, un viaggio annuale a Disney World e un viaggio di scambio con una scuola di Alberta, in Canada (una città grande quanto il nostro corpo studentesco).

La gente si chiedeva come avessi fatto a fare tutto questo. Ero *irragionevole*. Per essere chiari, non lavoravo in una scuola particolarmente ricca, non c'era un programma di sostegno o un forte coinvolgimento dei genitori e non c'era un vero e proprio budget (zero dollari).

Usai la mia esperienza di compositore come modello per guidare i miei studenti e il programma a crescere. Nella composizione, si inizia con il nulla... una pagina bianca. Poi, però, un'idea comincia a fiorire e lentamente si crea qualcosa dal nulla. Se volevo acquistare un nuovo strumento o attrezzatura, avrei dovuto crearlo io stesso. Se volevo portare i miei amici del mondo professionale a fare laboratori di audizione, danza, combattimento scenico e batteria, dovevo creare l'opportunità: qualcosa dal nulla.

Tutto iniziò con una visione, un tempo mai sufficiente e un atteggiamento *inarrestabile* (e spesso *irragionevole*).

Essere *irragionevoli* ci ha permesso di far crescere il programma più volte, più che triplicandolo in pochi anni. La visione che avevamo per il programma era semplice: "Tutto ruota intorno ai bambini". Questa semplice frase ci ha guidati e ci ha portati al successo. E ha ispirato altri (studenti *e* insegnanti) a seguirci.

Vi starete chiedendo come si faccia a convincere un adolescente a seguirvi. La risposta è piuttosto semplice. Concedevamo una sola opzione: "Sì".

Ci scherzavamo anche con i nostri studenti, avevamo persino creato delle magliette con la scritta "La risposta è sì". Dopo un'ulteriore riflessione, ci rendemmo conto che questo avrebbe potuto portare a un disastro nelle relazioni pubbliche (pensateci: volete davvero insegnare a menti impressionabili che la risposta è sempre sì?), così modificammo il nostro mantra in "La risposta è sì (e a volte, raramente, no)".

Ci servì molto. Non solo avevamo stabilito la nostra base per la leadership, ma avevamo fatto crescere dei leader con il nostro esempio. Quando si è assolutamente ossessionati da una visione, le persone se ne accorgono (anche gli adolescenti). La visione è fonte di ispirazione e si riversa sugli altri. Le persone vogliono far parte di qualcosa di più grande. Noi abbiamo creato quel qualcosa e abbiamo dato ad altri la possibilità di assumere il ruolo di leader all'interno della visione più grande.

L'INSEGNAMENTO HA BEN POCO A CHE FARE CON L'INSEGNAMENTO

A giudicare dal nome, si direbbe che il Teachers College sia stato concepito per insegnare a...insegnare. Non fraintendetemi: guardando indietro c'erano certamente elementi di insegnamento pratico inclusi nel programma; tuttavia, la maggior parte di ciò che facevamo era per lo più teorico e basato sul processo di apprendimento e sullo sviluppo umano. Cose utili, anche se, come insegnante al primo anno, le cose più urgenti che avevo in mente erano: "Come sopravvivo al primo anno?", "Cosa insegno esattamente ai ragazzi?" e "Come decifro il programma di studi e le aspettative della commissione?".

Ben presto ho capito che per essere un buon insegnante avrei dovuto *comprendere* l'apprendimento. Dovevo diventare un esperto di apprendimento per poter insegnare agli altri come imparare da soli.

È un punto così importante da capire per essere efficaci come insegnanti, leader o speaker.

Avete molta conoscenza. La tendenza è quella di condividerla, per aiutare le persone a ottenere le risposte di cui hanno bisogno. Insegnare agli altri significa dargli un valore aggiunto, o almeno così si pensa. Il problema è che, quando si consegna a qualcuno la risposta a qualcosa, nella maggior parte dei casi la persona non la interiorizzerà. Si tratta di informazioni che possono essere o meno ricordate o utilizzate a lungo termine.

Fate attenzione a come, quando siete il passeggero di un veicolo e poi ne diventate il conducente, è molto più difficile ricordare le indicazioni. Come passeggero, non si vive l'esperienza di darsi le indicazioni da soli.

Sia l'insegnamento che l'apprendimento funzionano allo stesso modo.

I LEADER GUIDANO. GLI SPEAKER PARLANO.

Date ai vostri studenti, follower e clienti l'opportunità di vivere le loro esperienze di apprendimento. Il vostro compito è facilitare queste esperienze, il successivo apprendimento e la trasformazione che ne consegue.

Invece di fornire semplicemente informazioni, raccontate storie che contengono insegnamenti. Permettete al vostro pubblico di analizzare e organizzarsi da solo. Date spazio a chi vi segue per innovare e personalizzare.

Come leader, il vostro ruolo non è quello di dire a tutti cosa fare e come farlo. Avete il compito di guidare gli altri, sostenere, incoraggiare, porre domande che ispirino la crescita e lo sviluppo personale, di costruire una base inclusiva, dimostrare integrità (fare ciò che dite) e andare fino in fondo.

Nella mia ricerca su leader e visionari famosi, ho scoperto una serie di tratti caratteriali e abitudini comuni. Ecco i cinque più importanti:

1. **La concentrazione per rimanere nella propria corsia:** Visione - averne una e mantenerla. Non essere vittima della *comparanoia* e non saltare sul carro della prossima grande novità. Mentre ci sono innumerevoli persone di grande successo che si reinventano continuamente e si trovano a spostarsi verso l'ultima moda che si presenta, le persone di maggior successo sono sempre quelle che hanno chiaro ciò che vogliono fare in questo mondo e sono esperte nel dire *no* a tutto ciò che le possa distrarre.

2. **La volontà di fare tutto il necessario:** Fino a che punto siete disposti a spingervi per dare vita alla vostra visione? Siete disposti a mandare una Tesla nello spazio per dimostrare il vostro impegno verso le tecnologie innovative, come ha fatto Elon Musk all'inizio del 2018? Siete disposti a rialzarvi dopo aver perso tutto, come fece Walt Disney dopo aver abbandonato la sua creazione Oswald il Coniglio Fortunato, che precedeva l'invenzione di Topolino, o come ho deciso di andare avanti io dopo aver perso tutto a causa di un fulmine che ha distrutto la mia casa? Siete disposti a fare tutto il necessario per realizzare la vostra visione?

3. **La capacità di chiedere e ricevere sostegno:** I leader non fanno tutto; infatti, è provato che più si costruisce il successo, meno si diventa tattici. Quante cose state facendo da soli in questo momento che probabilmente potreste delegare a qual-

cun altro? Quanto spesso pensate o ritenete di dover fare tutto da soli per ottenere un buon risultato? Quanto è facile per voi chiedere supporto?

4. **La confidenza di fare il primo salto (per mostrare agli altri come ci si sente):** I leader guidano. Gli oratori parlano. Per anni ho prosperato come uomo dietro il sipario, facendo solo apparizioni obbligate. Man mano che entravo in contatto con il mio potere, ho iniziato a rendermi conto che mi stavo danneggiando involonatariamente. E stavo facendo un torto anche a *voi*. Se non diventassi l'esempio, l'ambasciatore numero uno dell'essere unapologetic, come potrei aspettarmi che qualcun altro lo faccia? Oggi so che è mia responsabilità fare i primi passi, mostrarvi com'è farlo e poi ispirarvi a seguirmi, mentre vi sostengo nell'esprimere e guidare il vostro modo unico.

5. **Un impegno unapologetic verso ciò che si è per gli altri:** Dolly Parton è l'emblema dell'essere anapologeta. Non si dà arie sul suo aspetto, su come parla o su ciò che fa. Si presenta pienamente come se stessa, e così facendo ha costruito una carriera di grande successo. Donald Trump è allo stesso modo unapologetic e, che vi piaccia o meno (attenzione, non vuole essere un'affermazione politica), il suo modo di essere e il suo impegno sono, a mio avviso, i fattori determinanti che gli hanno permesso di fare presa e di crearsi un seguito tale da farsi eleggere Presidente degli Stati Uniti.

CHI AVETE INTENZIONE DI ESSERE?

Chi siete disposti a essere quando si tratta della vostra visione? Siete disposti a essere uno dei *pazzi* di cui parlava Steve Jobs nella famosa campagna Think Different? Siete disposti a fare ciò che serve per realizzare la vostra visione, anche quando diventa scomodo? Siete disposti a diventare la persona che si distinguerà anche quando gli altri diranno cose che vi faranno desiderare di nascondervi dietro la tenda?

Galileo Galilei fu perseguitato per la sua visione e per ciò in cui credeva. Fu messo a tacere. Capì che, a volte, avere una grande visione, per quanto positiva possa essere, può causare un contraccolpo. Avrebbe anche capito, come è stato detto, che il modo migliore per presentare le idee è quello di condurre gli altri alla scoperta. Forse, invece di dichiarare le sue scoperte, avrebbe potuto avvicinare gli altri con informazioni e indagini che avrebbero permesso loro di cambiare lentamente idea... di riconsiderare autonomamente ciò che credevano fosse vero sull'universo (*la Terra era davvero al centro di tutto?*).

Essere un leader con una visione non significa dichiarare ciò in cui si crede e aspettare che arrivi qualcuno a seguirci. Condurre con una visione significa credere così fortemente in qualcosa da essere disposti a presentarlo in modo tale che i membri del pubblico scelgano alla fine di crederci, non perché glielo avete detto voi, ma perché avete dato loro la possibilità di scegliere.

Guidare gli altri con una visione è uno strumento potente. Capire che essere un leader con una visione significa in realtà guidare con *ciò che si è*, invece che con un programma personale, è ancora più potente.

Pensa a ciò in cui credi. Pensa alla tua visione e missione. Perché gli altri dovrebbero crederci nello stesso modo o salire a bordo? Perché qualcun altro dovrebbe trarre beneficio dal credere in ciò che credi tu, dal sapere ciò che sai e dall'essere chi tu dici di vedere dentro di lui?

____

____

____

Cosa stai celebrando in questo momento?

____

____

____

SOTTO I RIFLETTORI: UNAPOLOGETIC INFLUENCER

UNREASONABLE

DI BRIAN K. WRIGHT

Brian K. Wright è il conduttore di Success Profiles Radio e l'editore della rivista Success Profiles.

Essere irragionevoli significa rifiutarsi di accettare la mediocrità, pretendere il meglio da se stessi e dagli altri e avere obiettivi e strategie audaci che la maggior parte non prenderebbe mai in considerazione. Essere *irragionevoli* significa essere disposti a fare sacrifici supremi lungo il cammino. Le persone irragionevoli *non accettano* ciò che è, ma *creano* ciò che potrebbe essere.

Molte persone mi chiedono cosa serva per avere successo. Potrei dare una serie di risposte, ma di recente ne ho sentita una che mi ha fatto fermare e riflettere, ed è quella che voglio affrontare qui.

Di recente, sono stato a un evento di raccolta fondi in cui parlava Kevin Harrington di *Shark Tank*. Alla fine della serata, tutti quelli che erano intervenuti sul palco sono tornati e hanno raccontato il loro punto di forza. Uno di loro ha detto: "Tutte le persone di successo sono disposte a fare cose *bizzarre* e *irragionevoli*". Di tutto ciò che era stato condiviso quella sera, è l'unica cosa che mi è rimasta impressa.

Chiunque abbia raggiunto risultati notevoli nella vita è stato disposto a fare qualcosa che molti considererebbero bizzarro e irragionevole. Credo che le persone di successo debbano essere disposte a essere bizzarre e irragionevoli in tre aree diverse per raggiungere le loro più grandi aspirazioni. Queste aree sono: obiettivi, sacrifici e strategie.

OBIETTIVI

L'invenzione dell'aeroplano rientra certamente nella categoria degli obiettivi. All'epoca, le persone si trasportavano solo via terra. Molti detrattori dei fratelli Wright sostenevano che se l'uomo fosse stato destinato a volare, avrebbe avuto le ali e che il volo era letteralmente destinato solo agli uccelli. Ma i fratelli Wright non ascoltarono, anzi: provarono e riprovarono, fallirono e riprovarono, fallirono e riprovarono ancora e infine, ci riuscirono.

Allo stesso modo, quando Henry Ford inventò il Modello T e rese disponibili le automobili alle masse, molti pensarono che fosse una cosa molto bizzarra e irragionevole. All'epoca, la gente viaggiava in carrozze trainate da cavalli. Infatti, Henry Ford una volta disse: "Se avessi chiesto alla gente cosa volesse, mi avrebbero risposto cavalli più veloci".

Quindi, bisogna pensare molto più in grande. Avere obiettivi bizzarri e irragionevoli è sicuramente molto importante per raggiungere il successo.

SACRIFICI

Inoltre, a volte i sacrifici da fare saranno un po' bizzarri e irragionevoli. Ad esempio, Elon Musk ha investito il proprio denaro sia in Tesla che in Space X. In effetti, a volte ha investito così tanto del proprio denaro in queste aziende da non avere i soldi per pagare l'affitto. Di conseguenza, si trovava a dormire sui divani della gente. Non pensate che essere un senzatetto sia una cosa bizzarra e irragionevole da fare per onorare il vostro sogno? Io lo penso assolutamente. Mi stupiscono sempre i sacrifici bizzarri e irragionevoli che le persone di successo fanno per realizzare i loro sogni.

STRATEGIE

Non solo i nostri obiettivi e sacrifici devono essere bizzarri e irragionevoli, ma a volte anche le nostre strategie devono esserlo; è così che si diventa veramente memorabili. Permettetemi quindi di condividere un paio di brevi esempi.

Recentemente, ho intervistato Tana Goertz di *The Apprentice*. Era la seconda classificata della terza stagione. Abbiamo parlato di come è stato incontrare Trump e lavorare con lui e le ho chiesto cosa l'ha colpita di più. Per prepararmi all'intervista, ho guardato il suo provino di *The Apprentice*; in realtà aveva fatto il provino già per la seconda stagione, ma non ce l'aveva fatta. Tuttavia, il suo provino era straordinario. All'epoca, lavorava molto attivamente nell'organizzazione Mary Kay, (vendita di prodotti di bellezza), quindi una parte del suo provino la mostrava mentre si recava nelle concessionarie di auto per vendere i prodotti Mary Kay ai venditori prima della Festa della Mamma. Era una mossa azzardata e fu cacciata da alcuni di quei concessionari per aver cercato di vendere senza autorizzazione nelle loro attività.

Apprezzai molto che Tana avesse parlato a quei venditori dell'acquisto di prodotti di bellezza Mary Kay per le loro fidanzate e madri. Non accettava un *no* come risposta. Era molto professionale. Non era stata una seccatura. Se volete vedere questo video, andate su YouTube e cercate "Tana Goertz *Apprentice* audition". È davvero incredibile, ma anche bizzarro e irragionevole. Chi pensa di vendere Mary Kay andando nelle concessionarie d'auto? In realtà è stata un'idea davvero, davvero grandiosa, soprattutto perché Tana ha avuto una pelle abbastanza spessa da sopportare il rifiuto.

Un'altra strategia che ritengo assolutamente geniale e selvaggia coinvolge le Girl Scout, Non dimenticherò mai un anno in cui, quando durante la stagione di vendita di biscottini delle Girl Scout, a febbraio, ho visto quelle ragazze vendere biscotti a un tavolo davanti a una banca il venerdì pomeriggio. Era una cosa bizzarra, irragionevole e assolutamente geniale, perché tutti quelli che escono dalla banca hanno dei soldi!

Chiedetevi questo: quali cose irragionevoli potete fare in termini di obiettivi, di sacrifici che siete disposti a fare e di strategie che siete disposti a mettere in atto?

Qualsiasi cosa facciate, dovete pagare un prezzo. Se decidete di essere disposti a fare solo certe cose e non altre, forse non volete davvero il vostro sogno. Non potete porre limiti a ciò che siete disposti a sacrificare per realizzare i vostri sogni. Per avere successo su larga scala bisogna avere un *perché* molto, molto forte.

Quindi, di nuovo: quali obiettivi, sacrifici e strategie bizzarri e irragionevoli siete disposti a mettere in atto per realizzare i vostri sogni?

Se cercate una validazione esterna e l'approvazione delle masse, otterrete solo ciò che anche le masse hanno. Quindi non abbiate paura. La vostra grandezza è solo una decisione da prendere.

Unstoppable:
inarrestabile, irrefrenabile, travolgente.

SEI PRONTO AD ESSERE
UNSTOPPABLE?

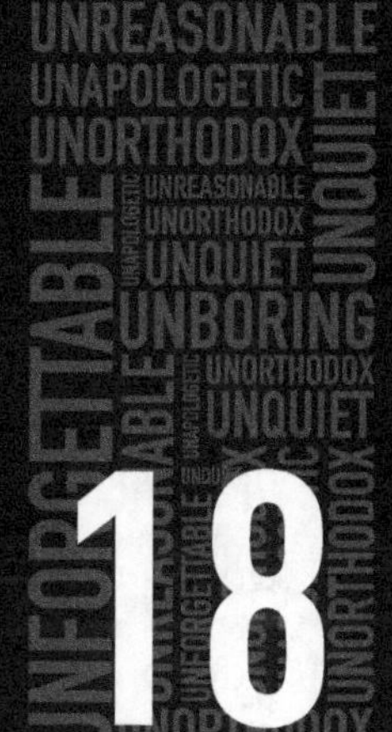

ESSERE INARRESTABILI

"Se non ti piace la strada che stai percorrendo,
inizia a lastricarne un'altra".

— Dolly Parton

Per oltre venticinque anni, ho potuto osservare e studiare artisti, leader e oratori che hanno lasciato un profondo impatto sul pubblico di tutto il mondo. Come ci sono riusciti?

Il fattore X dei grandi leader è la loro capacità di impegnarsi per ciò che sono. Essere impenitenti non è solo il titolo di un libro. È un percorso di successo che è stato a lungo dimostrato dalle personalità più influenti del mondo.

Da Gesù a Gandhi, da Disney a Musk, da Ellen e Oprah a Mandela e Madre Teresa, passando per molti altri ancora, i visionari hanno aperto la strada con il loro impegno verso chi sono *e* chi sono per gli altri.

Essere unapologetic non è per i deboli di cuore. Ad ogni passo si presenterà una sfida. Le persone daranno consigli non richiesti, suggerendo di pensare in piccolo, di allinearsi, di andarci piano e di non spingersi oltre i limiti.

Ma chi è destinato a grandi cose ha una vocazione.

Sapete chi siete. Lo avete sempre saputo.

L'unica differenza tra voi e [qualsiasi sia il vostro leader o visionario preferito] è che lui o lei, come suggerisce Dolly Parton, si è aperto un'altra strada rispetto alla norma - più di una, nella maggior parte dei casi.

Quella persona ha scelto di essere inarrestabile.

Quella persona ha scelto di essere unapologetic riguardo alla sua visione, perché quella visione era così grande da spingerla ad andare avanti.

Nel corso di una vita di esperienze e interazioni, ho notato che il motivo per cui le persone falliscono non è perché non hanno avuto un'occasione, non hanno abbastanza talento o non sono nel posto giusto al momento giusto. È che, semplicemente, non sono abbastanza apologetiche. La maggior parte delle persone è *incasinabile*. Invece di spianare una nuova strada, rovina e getta via l'intero viaggio.

Identifica i momenti della tua vita in cui hai scartato un'idea per qualsiasi motivo:

____

____

____

____

Se dovessi aprire una nuova strada per un'idea, una visione o una missione che hai abbandonato nel corso della vostra vita, che aspetto avrebbe questa nuova strada?

____

____

____

____

IL FATTORE X È UNA SCELTA

Date le migliaia di persone che ho studiato, osservato e con cui ho lavorato, mi è diventato estremamente chiaro che il fattore X si basa raramente sulla fortuna o sulla genetica. È una scelta.

La scelta è quella di essere voi stessi, unapologetically, e di essere inarrestabili e incrollabili in questa scelta. Più scegliete *voi stessi*, più permettete al vostro miracolo di risplendere.

All'asilo sapevo di essere destinato a qualcosa di più grande. Questo non vuol dire che guardavo gli altri come se fossero *più piccoli*; piuttosto, riconoscevo che ero disposto ad andare *fino in fondo* mentre gli altri erano più felici di conformarsi alle norme... di accettare, quindi, ciò che già avevano e farselo bastare.

E se foste pronti in questo momento a diventare il leader e l'oratore visionario che io sono convinto siate nati per essere?

E se tutti i vostri sogni e le vostre visioni fossero davvero possibili?

Sareste disposti a considerare che adottare una posizione unapologetic, riguardo chi siete e ciò in cui credete, sia la strada per dare vita ai vostri sogni e alle vostre visioni?

SIETE PRONTI, ORA

Credo (e so) che siete già pronti, che dobbiate andare fuori nel mondo per realizzare la vostra visione e condividere i vostri sogni, desideri e convinzioni...voi e i vostri sogni siete pronti per essere liberati (*unleashed*)!

Siete pronti a non vergognarvi (*unshamed*) e a celebrare la verità, ovvero che siete non-rotti (*unbroken*) e non-distruttibili (*unbreakable*).

Siete pronti per essere inquieti (*unquiet*)– non-incatenati (*unchained*) dalla *comparanoia* e da qualsiasi sensazione di non essere amati (*unloved*) in questo mondo.

Siete pronti per essere non-spaventati (*unafraid*) e ad essere inattaccabili (*unmessable*) e incondizionabili (*unwavering*) dagli altri presentandovi nel mondo come *voi stessi*.

Siete pronti a stappare (uncorked) e a celebrare chi siete, a celebrare che siete già non-noiosi (*unbored*) e che possedete già qualità che vi rendono indimenticabili(*unforgettable*).

Siete pronti a essere non-convenzionali (*unconventional*), persino non-ortodossi (*unorthodox*), a volte irragionevoli (*unreasonable*) e radicalmente inarrestabili (*unstoppable*) quando si tratta di chi siete, di ciò che credete per gli altri e della vostra visione di grandezza in questo mondo.

Siete pronti a smettere di misurarvi con il valore che offrite e ad iniziare a realizzare la vostra visione - e tutti quanti persone vi riconosceranno e celebreranno come una forza imbattibile.

Siete pronti a spianare la strada che è la vostra verità, la strada che vi riporterà a chi siete veramente.

Siete pronti a celebrare voi stessi!

Qual è il passo successivo più potente che intendi fare?

____

____

____

____

Chi stai celebrando in questo momento? Scrivi una lettera a te stesso, in cui celebri chi sei e la strada che stai seguendo per realizzare il tuo miracolo e portare a compimento il tuo destino.

____

____

____

____

Firma ____________________ Data ____________________

UNAPOLOGETIC

DI LAKEISHA MICHELLE

LaKeisha Michelle è una cantante, speaker e creator.

Indimenticabile! Mi piace quando Maya Angelou dice che le persone non dimenticano mai come le fai sentire. Mi impegno con tutte le mie forze per lasciare la massima energia a coloro che entrano in contatto con me in qualsiasi impresa sia coinvolta! Non voglio che le persone dimentichino mai che l'amore, la gioia, la pace, donare, le possibilità e l'abbondanza sono tutti loro diritti di nascita. Voglio che le persone ricordino che essere se stessi è già abbastanza per tutto e che quando semplicemente si risplende, accade una magia.

Per me, essere unapologetic significa che non mi tiro indietro. Non mi pento più delle mie decisioni. Non ho più la sensazione di essere d'intralcio. Sono quello che sono. Mi fido e so che il mio cuore e le mie intenzioni sono buone, quindi non devo compensare tra il troppo/troppo poco per far sentire gli altri a proprio agio.

Più di dieci anni fa vivevo in una relazione violenta. Una parte del motivo per cui ci restavo, o almeno così mi dicevo, era perché mi sarei sentita cattiva io! In realtà ero preoccupata per tutte le sciocchezze che gridava e di cui si lamentava e mi dispiaceva per lui. Pensavo che avesse "bisogno di me", come se fossi una strizzacervelli o qualcosa del genere. *Ma per favore*. La buona notizia è che ero disposta a morire per la mia libertà. Ora sto scrivendo questo articolo e, naturalmente, significa che non sono morta ma che oggi sono libera e viaggio per il mondo. Lavoro da qualsiasi luogo e mi creo quotidianamente la mia vita alle mie condizioni! Per la cronaca: ho con me un uomo sexy e felice che è anche un perfetto gentiluomo! Ho capito com'è l'amore vero e sono andata avanti unapologetically!

Come giovane donna, crescendo mi sentivo spesso dire di coprirmi. Mi dicevano che il mio sedere era troppo grande e che dovevo essere vista e non ascoltata. Mi dicevano che dovevo cantare solo gospel e che le donne dovevano occuparsi della casa mentre il marito portava a casa la pagnotta. Mi dicevano che il mio nome suonava troppo da ghetto e che, se volevo che qualcuno mi assumesse, avrei dovuto usare Michelle e non LaKeisha. Mi dicevano di non truccarmi, di non tenere i capelli mossi e assolutamente di non fare disegnini o mettere lo smalto sulle unghie.

Oh, mio Dio! Passavo il tempo in chiesa con il naso arricciato per trovare da dove avessero tirato fuori tutto questo mucchio di sciocchezze! Sebbene ancora oggi ami Dio e sia molto spirituale, mi sono resa conto che le persone creano regole... e peggio ancora, altre persone le seguono senza metterle in discussione e senza ascoltare ciò che risuona nel loro cuore e nella loro anima (ovviamente, ho sempre avuto problemi per aver messo in discussione ciò che mi veniva detto. Mi chiamavano persino Jezzy... abbreviazione di Jezebel)!

Quando mi ritrovai infine nel mondo reale, all'inizio ero confusa perché non sapevo più cosa fosse vero o meno. Avevo paura di spingermi "troppo lontano" e di deludere la mia famiglia, così girai in tondo facendo un sacco di cose che all'apparenza potevano anche sembrare interessanti, ma non erano la mia vera vocazione.

Decisi così di cercare ciò che il mio cuore mi diceva essere vero. So che trovare uno scopo è un viaggio che dura una vita, e io lo sto percorrendo proprio ora.

Sono appena tornata da San Diego per condividere con più di 1.000 persone il mio messaggio tramite canzoni e conversazioni su un palco, parlando di come ogni giorno cancello le vecchie regole e ne scrivo di nuove. Penso che anche voi dovreste fare lo stesso.

Sono grata per queste regole passate e alle persone che le hanno trasmesse per me. Impariamo dagli altri ciò che venne loro insegnato e, che siano buone o cattive, credo che le nostre esperienze vadano *tutte* verso il nostro bene.

Solo quando compresi di non essere responsabile della felicità di nessun altro, iniziai finalmente a vivere. Mi sono liberato da ciò che la gente avrebbe potuto pensare mentre esploravo e provavo cose nuove. Se avessi fallito, beh, poco male, almeno sarei morta "vuota", dopo aver provato tutto ciò che avevo dentro.

Essere unapologetic mi permette di abbracciare pienamente i miei doni e di condividerli immediatamente, in modo che gli altri vengano a loro volta ispirati e si lascino il permesso di fare lo stesso. Essere anapolgetica significa ripercorrere le regole di vita che mi sono state insegnate e, se non sono più adatte per il luogo e la direzione in cui sto andando, lasciarle andare unapologetically e scrivere un nuovo copione da seguire.

Ogni secondo della vostra giornata costituisce la vostra vita. Non fatevi trasportare dalla corrente solo per compiacere gli altri. Rendetevi conto che coloro che osano sfidare lo status quo sono l'unica cosa di cui si parla anni e decenni dalla loro scomparsa da questa terra.

Scegliete di essere inflessibili nel perseguire ciò che sapete essere vostro. Una delle mie storie preferite è quella di Jabez, un ragazzo che l'intera famiglia aveva scartato. Andò contro le circostanze e decise di essere diverso, di distinguersi, persino di sembrare pazzo, e di non aderire a ciò che la sua famiglia gli imponeva! Ha semplicemente recitato una preghiera lunga una frase, in totale fede, per ottenere una irriconoscibile, sorprendente e grandiosa vita. Dio esaudì la sua richiesta.

Non so voi, ma io sono disposta a ad essere unapologetic nei confronti del mio futuro. Sono aperta a ricevere tutto ciò che mi appartiene di diritto. Ho scelto di brillare e, come dice Lisa Nichols, "se non gli piace, che si mettano gli occhiali da sole". Non abbasserò più la mia luce per amore di qualcun altro. *Brilla*, tesoro, e *sii* unapologetic.

CELEBRAZIONE

COSA STATE CELEBRANDO IN QUESTO MOMENTO?

UN SEI PRONTO AD ESSERE UNAPOLOGETIC?

NOTA CONCLUSIVA

Ora che avete terminato questo libro, cosa farete? E soprattutto, chi vi impegnerete ad essere mentre eseguite le azioni che avete identificato come quelle che vi porteranno più vicino a diventare il leader e lo speaker visionario che so che siete? Qual è il passo successivo più potente che farete? Chi sceglierete di essere di fronte alle avversità? Chi sceglierete di essere quando vi sveglierete ogni mattina? Con chi vi allineerete? Chi sceglierete come mentore e guida? Che cosa e come celebrerete la vostra straordinaria vita di tutti i giorni mentre viaggiate verso il compimento della vostra missione e della vostra visione?

Soprattutto, ora vi sfido ad impegnarvi a essere la persona che volete.

Vi sfido ad applicare tutta la saggezza, la conoscenza e le azioni che vi ho dato in questo libro. Vi sfido a impegnarvi a fare della celebrazione un'abitudine e non un lusso da concedersi ogni tanto. Vi invito a celebrare il bello, il brutto e il cattivo, a riconoscere ogni momento come straordinario e a festeggiare sia fisicamente (sì, con *asstitude!*) che mentalmente ogni giorno, più volte al giorno.

Prendete una penna o una matita, proprio adesso, in questo momento. Nelle righe che seguono, dichiarate chi sarete in futuro. Forse vi impegnerete ad prendere una posizione unapologetic, o forse vi impegnerete a essere più *imperturbabili* rispetto alle circostanze esterne. Qualunque cosa dichiariate, scegliete attributi che non siano già cose che siete normalmente. Spingetevi ancora oltre, sia voi stessi che la visione che avete di voi.

Dichiaratelo.

Per i prossimi novanta giorni, io sarò:

____

____

____

____

Ora, quali sono le dieci azioni più potenti che ti impegnerai a compiere nei prossimi novanta giorni? Magari si tratta di una nuova routine mattutina (sii specifico). Forse adotterete il mio metodo di impostare il timer del telefono da cinque a dieci volte al giorno per celebrare. O ancora, forse deciderete di avere delle conversazioni che vi aiutino a chiarirvi con la famiglia, gli amici o i colleghi di lavoro.

Scrivi le dieci azioni più potenti che ti impegnerai a compiere nei prossimi novanta giorni:

____

____

____

____

____

____

____

____

____

____

In questo libro avete scoperto la verità su voi stessi, identificando le briciole di pane della vostra vita. Avete iniziato ad accettare e celebrare chi siete già adesso e a *puntare tutto (all-in)* sui vostri sogni e sulla vostra visione. Avete sviluppato la fiducia e le capacità di pensiero critico che vi permettono di prendere posizione per ciò in cui credete. Avete imparato a *essere* un leader e uno speaker visionario, che riesce a coinvolgere gli altri senza sforzo attraverso una storia. Avete imparato a condividere i vostri doni con il mondo e a guidare gli altri con una visione invece di sottostare alla *prova del valore.* Avete imparato a essere un leader sicuro di sé nel ruolo di guida della vostra vita e di influencer di coloro che vi seguono.

Vi ho insegnato come scoprire e liberare quel che vi permetterà di realizzare la vostra missione e la vostra visione proprio come le più grandi personalità, e i leader e luminari del mondo!

Se vi impegnate a essere unapologetic rispetto a chi siete, unapologetic nel vostro desiderio di grandezza e incrollabili nell'impegno di essere responsabili dei passi da fare che avete stabilito per voi stessi, vi avvicinerete in modo esponenziale a diventare il leader e il visionario che pensate di essere, e lo farete molto più velocemente di quanto avreste mai potuto immaginare.

Ora che avete terminato "Being Unapologetic", contattatemi per farmi sapere cosa vi è piaciuto e cosa di cosa vorreste sapere di più nella prossima edizione di questo libro. Soprattutto, mi piacerebbe sapere a che punto siete nel vostro viaggio verso l'essere unapologetic. Condividete le vostre celebrazioni e le vostre sfide (perché so che ora anche voi celebrerete!). Ditemi come posso aiutarvi a diventare l'oratore e il leader visionario che chi vi segue sta aspettando. Fissiamo una telefonata o, meglio ancora, forse potete organizzare un incontro per parlare alla vostra organizzazione, scuola, clienti o comunità.

Cosa state aspettando?

Spero di avervi ispirati a non commettere il mio stesso errore quando ero in prima elementare e aspettavo per ore che mio fratello mi venisse a prendere nel cortile della scuola.

Spero che siate ispirati a non commettere il mio stesso errore, aspettando fino a trentatré anni per avere una conversazione onesta con la mia famiglia biologica.

Spero che ora siate in grado di riconoscere che siete venuti in questo mondo già pronti a creare miracoli per gli altri. Per parlare, guidare e ispirare grandi trasformazioni ed essere l'esempio per gli altri di celebrare i miracoli che possiedono anche loro.

Quando parlo al pubblico, dico sempre: "Sulla mia stessa vita, non lascerete questo mondo senza aver ricevuto la stessa standing ovation con cui siete arrivati". Questo libro è il mio lascito per far sì che, anche dopo la mia scomparsa, vi venga ricordato di abbracciare il vostro destino facendo un passo sotto la luce dei riflettori - i riflettori che vi sono stati puntati addosso nel momento stesso in cui siete nati e che meritate non solo di avere, ma anche di far brillare con sicurezza su tutti gli altri che aspettano il messaggio e la leadership che solo voi potete trasmettere.

Quindi prendete i vostri sogni fantastici come quelli di un cartone Disney, le vostre idee che sembrano impossibili come lo sbarco su Marte e tutte le vostre storie ed esperienze straordinarie di tutti i giorni. Prendete la vostra immaginazione, il vostro respiro e il vostro *essere*, poi alzatevi in piedi, parlate e siate unapologetic. Solo allora ispirerete e guiderete gli altri a fare un passo sotto i riflettori dei loro miracoli.

Il mondo vi aspetta.

Ora siete pronti per essere unapologetic!

"Ora sei pronto per essere unapologetic".

— Davide Di Giorgio

SULL'AUTORE

Davide Di Giorgio è autore di best-seller internazionali, relatore di conferenze, speaker per TEDx, ambasciatore dei giovani e consulente per influencer e celebrità.

Davide è anche un pluripremiato produttore teatrale, compositore e acclamato educatore. Il suo lavoro e il suo messaggio sono stati presentati in tutto il mondo in podcast, radio e media nazionali.

È autore di *Reach Your Greatness* e di *Better Business Book* e ha scritto per *The Good Men Project, Thought Catalog, Thrive Global, Life By Design Magazine* e *Success Profiles Magazine*.

La sua missione è quella di dare la possibilità alle persone straordinarie di tutti i giorni, soprattutto ai giovani, di paragonarsi di meno e di celebrarsi di più. Il suo impegno filantropico, il *Project Being Unapologetic*, osa affrontare il bullismo e rafforzare la fiducia e l'autostima, finanziando progetti da sogno per gli studenti delle scuole d'arte.

Originario di Toronto, quando non è in giro per il mondo per conferenze, consulenze, o a godersi un viaggio incredibile, Davide, che ha la doppia cittadinanza canadese e statunitense e ha vissuto e lavorato in entrambi i paesi, ora vive in Sicilia, il luogo in cui si sente più a casa.

Mettetevi in contatto con Davide all'indirizzo:
BeingUNapologetic.com

PROGETTO BEING UNAPOLOGETIC

Ognuno di noi ha una storia di bullismo e non si sente in grado di essere pienamente se stesso.

Il Progetto Being Unapologetic si pone come obiettivo di affrontare il problema del bullismo per gli studenti delle scuole superiori e per i loro insegnanti, infondendo fiducia e l'essenza dell'Essere Unapologetic come modo per dare un contributo nel diventare dei leader visionari. Lanciato nel 2018 in occasione del quarantaduesimo compleanno di Davide, il Progetto Being Unapologetic è un progetto frutto di una passione che dura da oltre venticinque anni, nonché il lavoro della sua vita.

I programmi di Arti dello Spettacolo in tutto il mondo attraggono gli studenti che spesso si sentono fuori luogo e contesto. Le arti sono un luogo sicuro, che permette una vera espressione. Gli insegnanti di arte spesso diventano consiglieri e amici. Sono state le arti dello spettacolo a cambiare e salvare la vita di Davide quando andava alle superiori.

Il programma si avviò nel marzo 2018 con il Coro della Ruben S. Ayala High School di Chino Hills, California. L'insegnante Robert Davis scoprì Davide quando lanciò un appello su Facebook per un programma di Arti dello Spettacolo meritevole.

Quando Robert Davis chiese ai suoi studenti cosa desiderassero di più per il loro programma, risposero: *rispetto*. I 5.000 dollari ricevuti sono stati destinati a una commissione corale. Un compositore ha scritto un brano appositamente per il coro che è stato presentato in anteprima nel 2019. Scopri cosa è successo quel giorno sul sito ProjectUNx.com.

Ogni copia di *Being Unapologetic* sostiene un programma scolastico di Arti dello Spettacolo. Davide sta anche cercando di ottenere l'appoggio di grandi società e celebrità. Se conosci qualcuno a cui potrebbe interessare il progetto e la visione di diffonderlo in giro per il Paese e il mondo per ispirare studenti e insegnanti, finanziando i loro sogni e progetti, contattaci.

ProjectUNx@BeingUnapologetic.com

Aiutataci a rendere virale questo progetto per contribuire e finanziare sogni e progetti in tutto il mondo.

RISORSE AGGIUNTIVE

Per aiutarvi a raggiungere un successo ancora maggiore.

Guarda il TED Talk

TED.beingUNapologetic.com

PRENOTA UNA CONFERENZA DI DAVIDE

Davide Di Giorgio non è il solito speaker. Trasforma gli interventi in esperienze coinvolgenti che non solo intratterranno e istruiranno il pubblico, ma lo lasceranno cambiato.

Ha trascorso più di venticinque anni lavorando con artisti, presentatori, speaker e leader in diversi settori, dalla performance alla crescita personale, dai viaggi alla trasformazione, dall'istruzione all'imprenditoria e alla leadership aziendale.

Davide parla del potere di usare la celebrazione come antidoto di ciò che chiama *comparanoia*, della costruzione di una fiducia inscalfibile, di una leadership visionaria e di sbloccare le abilità di tenere discorsi e avere una capacità di storytelling travolgente.

I suoi discorsi sono personalizzati per il pubblico aziendale, imprenditoriale ed educativo (educatori e studenti).

Per gli impegni aziendali, Davide vi offre anche l'opportunità di donare una parte del suo compenso a un programma di arti dello spettacolo di una scuola superiore locale di vostra scelta a cui lui stesso andrà a parlare e che sorprenderà con una parte del suo stesso compenso.

Contattate direttamente Davide per chiedere di personalizzare un intervento per il vostro evento o la vostra organizzazione.

BeingUnapologetic.com
ciao@DavideDiGiorgio.com

www.ingramcontent.com/pod-product-compliance
Lightning Source LLC
LaVergne TN
LVHW020042110826
845155LV00029B/592

9781947937574